B2B 人本营销策略

[英] 保罗·卡什（Paul Cash） 著
詹姆斯·特雷桑纳（James Trezona）

刘南伯 译

中国科学技术出版社
·北 京·

First published in Great Britain by Practical Inspiration Publishing, 2021
Copyright © Paul Cash and James Trezona, 2021
This translation of Humanizing B2B by Paul Cash and James Trezona is published by arrangement with Alison Jones Business Services Ltd trading as Practical Inspiration Publishing and China Science and Technology Press Co., Ltd. This edition is authorized for sale in the People's Republic of China, excluding Hong Kong SAR, Macao SAR and Taiwan.
Simplified Chinese rights arranged through Big Apple Agency, Inc.

北京市版权局著作权合同登记　图字：01-2022-3057。

图书在版编目（CIP）数据

B2B 人本营销策略 /（英）保罗·卡什，（英）詹姆斯·特雷桑纳著；刘南伯译 . — 北京：中国科学技术出版社，2022.9

书名原文：Humanizing B2B

ISBN 978-7-5046-9697-7

Ⅰ . ① B… Ⅱ . ①保… ②詹… ③刘… Ⅲ . ①电子商务—市场营销学 Ⅳ . ① F713.365.2

中国版本图书馆 CIP 数据核字（2022）第 131113 号

策划编辑	牛岚甲
责任编辑	申永刚
版式设计	蚂蚁设计
封面设计	马筱琨
责任校对	吕传新
责任印制	李晓霖

出　　版	中国科学技术出版社
发　　行	中国科学技术出版社有限公司发行部
地　　址	北京市海淀区中关村南大街 16 号
邮　　编	100081
发行电话	010-62173865
传　　真	010-62173081
网　　址	http://www.cspbooks.com.cn

开　　本	880mm×1230mm　1/32
字　　数	123 千字
印　　张	6.75
版　　次	2022 年 9 月第 1 版
印　　次	2022 年 9 月第 1 次印刷
印　　刷	北京盛通印刷股份有限公司
书　　号	ISBN 978-7-5046-9697-7/F · 1028
定　　价	69.00 元

（凡购买本社图书，如有缺页、倒页、脱页者，本社发行部负责调换）

译者序

品牌如何"破局"？在新消费主义背景下，品牌是唯一能够穿越商业周期的资产。随着客群主体的变迁与新型营销渠道的兴起，它的属性早已不局限于产品的形象与标识。在B2C领域，尽管外有消费市场的热度退潮和经济周期的不确定性，内有产品的同质化竞争和技术创新的困境，但新消费品牌的异军突起使人们意识到品牌本身就可成为破局的关键。价值主张、故事经济、私域流量等概念已是众多B2C品牌方的共识，在实际操作层面，也出现了诸如内容营销和新媒体营销等具体方式。而这些概念与实操的共同点是，它们都在尝试获取影响人心的力量。

在B2C领域，有识之士对品牌建设与营销的探索成果颇丰，新消费品牌的成功也带来了众多参考案例。但长久以来，人们怀疑那些广泛应用于B2C中的品牌和营销理论是否对B2B同样有效，而这正是本书希望回答的问题之一。

本书作者保罗和詹姆斯认为，B2B品牌"破局"的关键同样在于获取影响人心的力量。从这个角度看，他们表示B2B

营销与B2C并无本质区别，因为B2B的市场参与者仍是独立的个体。并且，得益于本书两位作者在B2B营销与品牌建设方面的丰富经验，以及为撰写本书所做的大量采访调研，读者能够了解市场营销变革的脉络和市场营销困境形成的原因。作者认为早期的B2B市场营销并不缺乏有人情味的力量，但是随着互联网的发展和产品力的激增，市场营销官们不得不仓促应对改变。最显著的变化就是他们花费大量精力堆砌数据与内容，这样的做法导致B2B市场营销逐渐远离人本属性，变得"空洞"与"生硬"。

在厘清了B2B市场营销的发展脉络之后，本书进一步指出，B2B从业者们的路径依赖无异于盲目拉动功能性的市场营销"摇杆"。虽然拉动"摇杆"对于营收来说并非完全不起作用，但过于注重这类理性营销的结果是忽略感性营销在B2B中的重要性。诚然，较B2C而言，B2B市场营销更复杂的决策逻辑与利益纠葛让从业者们天然倾向于使用传统但看似保险的营销方式。但本书从营销变迁、客户体验、受众心理学等角度证明，即便是在B2B中，以人心换人心的感性营销仍是左右其成败的要素。作为对这一观点的补充，作者还从企业资源投入的角度，给出了感性与理性营销的推荐资源配比。

译者序

在这个基础上，作者提出名为"变革B2B的五条法则"的呼吁。作为本书的核心内容，这五条法则也许能为B2B市场营销官和决策者提供一种新的思考角度。例如，第一条法则表示市场营销的核心是人，而非产品。B2B市场营销人员认为消费者总是理性和注重实效的，而这样的观点却与事实相去甚远。在B2B中，能够主动围绕人，而非产品去做营销的企业寥寥无几。B2B市场营销的变革核心在于把营销的重点从产品转变为人与情感。其余四条法则无一不是建立在此基础之上。

此外，本书详细介绍了讲好品牌故事是提升好感度因素的方法。前者描绘B2B市场营销变革的执行方式，后者讲的是如何对品牌力进行衡量。本书的后半部分从故事的有效性谈起，详细描写了如何将故事讲述有机地融入变革B2B的五条法则中。并且，相关章节还拆解了讲故事在B2B市场营销中的步骤，并通过深入的心理学分析描绘了故事讲述的种种技巧。基于此，作者一针见血地指出人们不只想购买你的产品，也渴望认同你。所以，故事讲述的终极目的在于提升客户群对品牌的好感度。但好感度作为一个纯粹的心理概念，准确地衡量它并不容易。因此，本书用一个章节的内容对好感度的组成部分进行了精细的解构，并对好感度的种类、要素和衡量方式提出了思考。

  本书的侧重点不在于作者提供的大量行业营销案例，而是通过令人信服的实证研究，深挖B2B市场营销目前身陷困局的根源，以及使用严密的逻辑推理试图从根本上转变B2B从业者对品牌营销的思考态度以及呼吁对人本属性的回归。本书的另一个目的在于，为那些平日无暇思考新消费主义与品牌变革趋势的B2B中高层管理者提供前沿研究成果与最新行业实践，并帮助他们制定更符合行业趋势的品牌策略。作者希望敦促品牌价值链上的各个参与者——从首席执行官到客户经理——在品牌意识上达成一致，从而点燃企业内部上下一心的变革热情。这一点是作者在本书中极力呼吁并一再强调的。

目 录

第1章 引 言 —— 001

1.1 三门语言 / 006

1.2 当下的误区 / 009

1.3 本书将如何帮助你？/ 017

第2章 一切皆已失效 —— 021

2.1 拉动"摇杆" / 027

2.2 接下来怎么做？/ 035

第3章 新真相 —— 041

3.1 为什么是现在？/ 044

3.2 B2B增长的五条法则 / 047

3.3 品牌的重要性 / 051

3.4 故事的力量 / 055

第4章 人心换人心 —— 059

4.1 客户有怎样的体验？/ 062

4.2 使命感营销 / 064

4.3 一个人性化品牌 / 066

4.4 人类语言 / 069

4.5 市场营销的角色 / 072

4.6 我们被创造的方式 / 075

4.7 你上一次牛刀小试是什么时候？/ 076

第5章　我们的思考方式 —— 081

5.1 身体内的化合物 / 085

5.2 行为的科学 / 089

5.3 非理性的力量 / 095

5.4 这对B2B市场营销意味着什么？/ 097

第6章　变革B2B的五条法则 —— 105

6.1 市场营销是关于人，而非产品 / 108

6.2 有可执行的使命 / 114

6.3 情感是营销的核心 / 117

6.4 好感度即变革 / 120

6.5 故事讲述是一种工具 / 122

目 录

第7章 故事经济学 —— 127

7.1 为什么故事有效？/ 130

7.2 故事结构与谋划 / 136

7.3 故事讲述的模型与工具 / 141

7.4 故事案例 / 151

7.5 故事讲述的十条规则 / 153

7.6 狩猎故事 / 156

7.7 创意的力量 / 157

第8章 好感度因素 —— 161

8.1 好感度误区 / 166

8.2 B2B好感度鸿沟 / 167

8.3 什么是好感？/ 169

8.4 专业人士怎么说？/ 170

8.5 不可或缺的七条好感度要素 / 172

8.6 四种好感度 / 175

8.7 衡量好感度 / 179

第9章　无可辩驳的事实 —————————— 183

9.1 B2Bi@领英的"B2B增长五条法则" / 185

9.2 从营销到情感 / 194

9.3 2019年B2B现状调查 / 196

9.4 补充研究 / 197

9.5 这一切对你意味着什么？ / 199

第10章　站起来吧！B2B —————————— 201

第1章

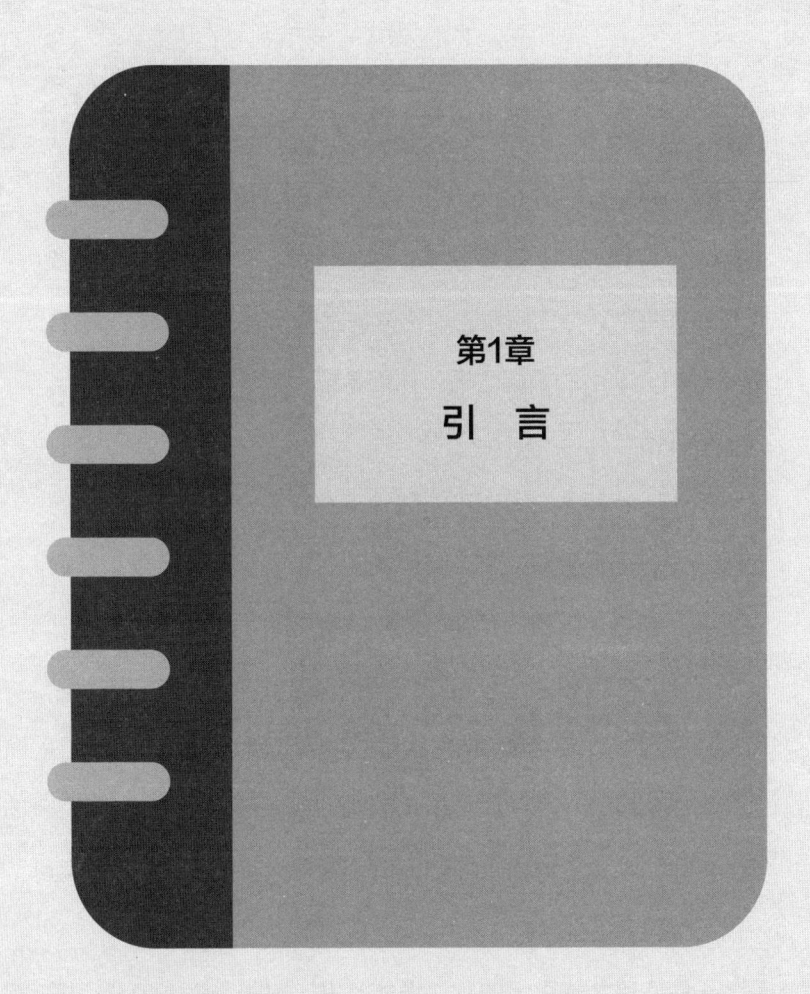

引 言

这本书是关于你的，我们故事中的英雄。你是拥有众多头衔，备受爱戴，又常被误解的企业对企业的电子商务模式（Business-to-Business，B2B）市场营销者。技术人员、战略家、客户导师、数据专家、创新领袖、分析师或者讲述者都可以用来描述你的职业。不论你是首席营销官（CMO）还是数字营销大军中的后起之秀，你都是精力充沛、富有斗志的当代B2B开拓者。

但是，我们不得不指出，危险正在袭来——有一颗巨大的"陨石"正朝你砸来。它会给你的职业带来灾难性后果。这颗"陨石"正是B2B市场营销中的陷阱带来的不可避免的苦果。什么是陷阱？简单来说，正如大多数B2B市场营销者一样，你可能还在用着早习以为常的方式营销产品，例如：

- 你生产了一款产品或者研发了新服务。
- 你以消费者的需求为切入口，花费大量的时间撰写市场材料和内容。
- 你使用功能强大的平台例如谷歌、电邮营销或者社交媒体与目标人群交互。
- 你建立营销渠道把客户的潜在需求转化为实际行动。

第1章 引言

- 你期望看到两位甚至是三位数的增长率。

目前，一切尚可。但当你的营销人员询问潜在客户是否愿意掏钱购买某件出色的产品时，客户模棱两可的回答让人心碎："我现在没打算买，明年再来吧，到时候我可能会再考虑一下。"不知所措的你跑到关键业绩指标（KPI）后面寻求庇护，把一切归罪于营销团队。

这场景是否让你感到似曾相识？这种以产品为导向的市场营销模式是许多问题出现的根源。墨守成规不能使你的公司脱颖而出，因为其他人也在做同样的事。正因如此，你最好的结果可能仅仅是维持了一个平均水准。但你可曾听过其他市场营销从业者自豪地说我的目标就是要做个泛泛之辈？我们敢打赌这也不是你想要的。

更麻烦的是问题不止于此，在走访大量资深市场营销领袖的过程中，我们发现首席营销官会对他的营销团队和董事会采用完全不同的说话方式。面对营销团队，首席营销官会很乐于讨论策略、品牌打造和长远的客户关系。但当他走进董事会议室面对将"营销"二字视为吸血而非价值创造的首席执行官（CEO）和首席财务官（CFO）时，上司更希望他打造一台稳定的收入机器（譬如你熟知的潜在客户生成工具和技术栈）。但是，当首席营销官向上司询问他们到底想从市场营销中收获

003

什么时，答案一定是让公司得到变革性发展，成为业内一流。而变革性发展正是本书尝试探索和解决的。

现在的世界经济经历着前所未有的关键时刻，变革性发展比以往任何时候都重要。市场营销领袖们需要吸纳、提升、启发他人，并在职责范围内提供新思路。他们需要带来爆炸性的，而非缓慢的增长，要做到这一点，他们需要拥有"超能力"。当然，"他们"是指你，现在知道我们为什么称你为英雄了吧。

我们之所以用如此开门见山的方式来写这本书，一部分原因是我们想从一开始就引发你的思考，另一部分原因是我们需要清晰地指出B2B市场营销所面临的问题。可以确定的是，我们这样做是因为正如你在乎B2B市场营销一样，我们也同样在乎它。领先之家（LeadFamly）的总经理理查德·罗宾森（Richard Robinson）说过，"B2B市场营销需要向前迈步，提升地位，把自己放到舞台中心。"我们同意他的观点，市场营销亟须成为每个B2B公司成长和改良的源动力。因为B2B市场营销不仅是为短期业绩，它也关系着长远收入和价值创造。如果你不加以彻底变革，B2B市场营销能带来的收益将十分有限，以至于你最终能做的可能只剩"通信主任"这类的活儿。作为我们的英雄，你不能让这样的事发生。

第1章 引 言

我的老友，曾任惠普公司市场总监（现在她以全球营销官的身份供职于微软）的乔安妮·吉赫利（Joanne Gilhooley），曾有一个对B2B市场营销为何如此平庸的贴切比喻。她说："市场营销好比一堆等待施力的摇杆，我并非营销官，而只是负责拉摇杆而已。"她说的"摇杆"是指内容营销、电邮广告、谷歌推广和其他各式备受B2B市场营销喜爱的潜在客户生成工具。听到她的言论，我能从她眼中看出不甘。尽管她一直在梦想有朝一日冲破枷锁做点不寻常的营销和日复一日地"拉摇杆"之间挣扎，但好在她是一位乐观并富有创新精神的人。万幸的是乔安妮最终在微软找到了她的归属，她现在能够尽情地在市场营销中做她认为正确的事。如果你曾有乔安妮一样的困扰，读本书就对了。

那么"陨石"到底从何而来？你不知道答案，毕竟你才读了几页。现在的你是对即将给你在乎的事业带来毁灭性影响的陨石毫不知情的英雄。是否做出行动取决于你，但作为英雄，你务必担负起摧毁陨石解救B2B"世界"的责任。你会面对挑战和质疑，你会与教条主义斗争，在这场困苦的旅行中，你的信念甚至会动摇。但是不要怕，我们会全程陪伴你。现在，就以学习一门新的语言来开始我们的旅程。

1.1 三门语言

正如来到一片新的土地需要学会那里的语言一样，B2B世界里需要学习的第一课首先是产品语言。例如，产品或服务的功能是什么？有什么特点？比竞品好在哪里？能如何补齐或增强现有的产品线？其次，作为市场营销者，你还需学会客户语言。例如，客户有怎样的需求和困难？你如何解决他们的问题？你与客户沟通的最好方式是什么？

这两方面正是B2B市场营销的难点，你是否注意到了这两门语言间的断联？一种是基于事实，另一种是基于洞察和领会。这两者之间有条鸿沟让你难以将两门语言彼此融会。你明白亲近客户的重要性，它会告诉你客户来源。但当你仔细观察，你会发现只有零星的B2B公司能将客户情报转化为强有力的营销。这是因为你有一门语言尚未掌握，而它是帮助营销人员将前两门语言连接的纽带。掌握这门语言将改变一切，它就是情感语言。

与约定俗成的观念相对，情感语言能形成正反馈并促使B2B客户乐于为你的产品付出更高的价格，这是因为它是一种

第1章 引言

表达感受、表现影响力与体现清晰度的语言。它能鼓励消费者回购，因为这门语言能使产品的形象更正面。这门语言同样也是讲述的艺术。如果你还记得过去那些充满个人魅力的营销家，就知道讲好故事正是他们最有力的销售武器。虽然这些营销家现在已经不常见了，不过你仍需要学习他们天才般的讲述艺术（并且利用现代化的营销渠道把讲述的规模扩大）。

换言之……

- 产品语言讲述你对产品的了解程度。
- 客户语言描绘你对受众群体的洞察。
- 情感语言展现你懂得如何进行销售。

不止于此，善于对内使用情感语言将助你建构出色的团队和解决困难。在给你带来内心满足的同时，你的事业也将收获独特的竞争优势，并在今后直接影响你的收入曲线。这可比"拉摇杆"更可行。想想对工作的旧情复燃，在每日的忙碌中找到归属，没有比这更让人兴奋的了。要知道48%的B2B客户表示他们目前所见的市场营销空洞乏味，因此你与客户都需要一场变革。

图1-1展现了这三门语言之间的运行原理，我们称为"黄金三角"。

图1-1 黄金三角

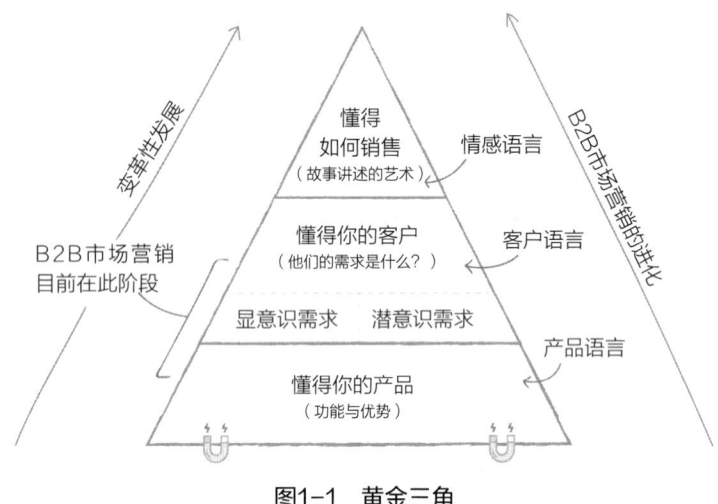

金字塔从上到下：
- 懂得如何销售（故事讲述的艺术）— 情感语言
- 懂得你的客户（他们的需求是什么？）— 客户语言
  - 显意识需求　潜意识需求
- 懂得你的产品（功能与优势）— 产品语言

左侧：变革性发展；B2B市场营销目前在此阶段
右侧：B2B市场营销的进化

　　如何在实际操作中运用情感语言？消费者的需求远不止是对产品功能和优势的需求，你需要让他们感到被款待和被指引，并认识到自身的独特性。他们期待被认可和赞同。他们想要通过了解你的公司存在的目的和价值观来认同你的人员和文化。他们想知道你在乎的是什么，他们渴望你能通过真实而有意义的方式把故事讲述出来（如果有可能的话他们一定会这样做的）。简言之，他们希望被优待，而非似购物机器一样被人宰割。在现代B2B市场营销中，品牌的作用不只是让你的公司、产品、服务在顾客心中留下好的印象，更是要让他们为选择你的品牌感到自信和满足。好好想一想，你是这样对待消费者的吗？

第1章 引 言

　　如果你能更好地为产品赋予情感价值，公司的业绩也会随之增长。你的职业生涯和领导力也会得到提升。虽然学习一门语言不能一蹴而就，但学成之后的收获必是合算的。正如一切B2B市场营销的终极目标都是赢得人心而非虚张空洞的KPI（譬如网页点击量和单次点击费用）一样，你的最佳出路是成为一位洞察人心的专家，而非只掌握有限的营销技巧的销售员。

1.2 当下的误区

　　B2B市场营销中的一个误区是认为消费者总是理性的、注重实效的。其实不然，消费者从未如此。而且，最近几年的B2B剧变进一步改变了消费者的习惯。他们的精神需求超过单纯的购买，他们更期待能认可你。不止我们这样认为，众多知名研究报告均指出正如企业对消费者的电子商务模式（Business-to-Consumer, B2C）的客户一样，B2B的客户也同样为情感价值买单。

　　你可能也有这样的疑问，为什么B2B市场营销在如此长的时间里都是平平淡淡激不起涟漪。唯一被使用的只有产品语言，偶尔也可能会有客户语言。我们花了很多时间研究这个问题，最终认为这是由三种因素导致的。第一，市场营销与管理层之间沟通不畅；第二，以产品为导向的营销策略早已过时，跟不上时代的发展；第三，缺乏对品牌二字的深刻理解导致投资不足。此外，我们认为另一个可能会导致该问题的因素是一部分营销者随波逐流，不懂得求新、求变。微软、Salesforce[①]、苹果和谷歌之所以成为各自的业界领袖，是因为它们敢于开辟新路。而这一点正是我们写作本书的初衷：我们希望让B2B市场营销者们看到不同的可能性以扩展思路。

好消息是B2B业界不乏聪明人和实干家。这个领域拥有众多充满希望在此留下印记的创业者，他们和工程师、科学家一起不断创造新技术以改变我们的学习和生活方式。我们为这些人选择B2B作为事业而感到欣慰，但现有的市场营销模式限制他们取得更大成就，这也让我们感到不安。

市场营销者能做得更好并为B2B市场营销带来改变。从最简单的做起，首先，把你的注意力从产品转向人，认识到消费者想要的是认可和互动。这意味着你需要将营销重心从介绍产品特性转变到描绘买家的感受上。神经科学已经用事实证明人

---

① 美国一家客户关系管理软件服务提供商。——译者注

会为情感价值买单，这同时也代表营销要精确触及买家痛点，而非简单地呈现解决方案。与消费者建立信任更需要展现出对他们痛点的领悟。换句话说，你可能需要彻底地转变思路。我们把这套新方案称为变革B2B。

当然，潜在客户生成和一些短期技巧性策略也同样重要。但你需要平衡好它们与长期品牌战略之间的关系。因为技巧性策略带来渐进式递增，而品牌战略提供变革性的有机扩张。这种改变会让你成为买家的首选并在竞争中脱颖而出，最终反映在你激增的营业收入上（如果你的品牌已是业界翘楚，要当心那些善于利用人心的B2B后来者取代你的位置）。打个比方，你可以认为开拓潜在客户之于B2B市场营销就如呼吸之于生命一样，但你不能简单概括生命的目的就是呼吸。虽然呼吸必不可少，但生命贵在能带给我们感受。

本书的作者——保罗和詹姆斯，多年在B2B市场营销道路上探索，并认为B2B营销应该成为一股带来积极改变的力量。两人第一次见面是在2001年，那是詹姆斯加入太德维公司（Tidalwave）伊始，太德维公司是保罗和他的商业伙伴朱利安·施威毕（Julian Sowerby）在1997年创设的市场营销公司。这家公司曾是英国第一家专注于科技行业的市场营销公司。在赢得了包括惠普公司在内的很多大型企业订单后，太德维公司被《太阳时报》（Chicago Sun-Times）列为发展最快的、最引人注目的市场营销公司之一。保罗和朱利安曾与理查德·布兰森（Richard Branson）[1]共进午餐，并拒绝了后者希望以一千九百万英镑买下太德维公司的收购意向（前者肯定很后悔）。在此之后，他们的公司继续快速发展。但美梦终究被现实打碎，由互联网危机导致的经济衰退给他们带来了一系列惨痛的教训。

保罗和朱利安最终不得不出售太德维公司。但保罗建立新的市场营销公司——雄鸡朋克（Rooster Punk）的想法那个时候也开始酝酿了。雄鸡朋克建立在这样一个信条上：它希望通过使用新技巧，如故事讲述和情感引导来为B2B营销赋予人情味。在雄鸡朋克的草创时期，以品牌为主旨的项目帮助Funding Circle[2]和Currencycloud[3]这类有风投背景的初创公司落实了这个信条。现在这两家公司都已成为各自领域的独角兽。

与此同时，詹姆斯运营着一家备受推崇的科技公司——梅森泽尔博勒（Mason Zimbler）。这家拥有近200名分布在世

---

[1] 英国亿万富翁，维珍集团创始人。——译者注
[2] 英国一家在线借贷公司。——译者注
[3] 英国一家在线转账支付服务商。——译者注

第1章 引言

界各地的员工的公司曾被评为B2B年度公司。巅峰时期，詹姆斯被英国营销榜单列为伦敦地区以外最有影响力的营销家，在他享受高品质生活、积累起足以让人惊讶的航空里程的同时，还经营着几家分支机构。但是，他内心深处对金钱和地位并没有太大追求，这与他从小受到的来自父母的价值观教导不同。而这样的割裂让他感到疲惫。现在你也看出来了，我们两人都希望开创一家有信仰的市场营销公司，所以我们选择齐心协力地建设雄鸡朋克。没错，这就是我们！

我们的目的是变革B2B市场营销，也正因此我们获得了与数位营销领袖和商界翘楚合作的机会。我们对未来的期望是在公司与公司之间、员工与客户之间建立有人情味的纽带。我们帮助过好几家公司提高营业收入并获得荣誉。对我们来说，最近一份市场问卷显示的模拟场景——人们对世界上74%最受欢迎品牌的消亡无动于衷——这使我们感到悲哀。B2B应受到更好的待遇，所有从业者都该开始为之努力。

我们为此创造了变革B2B的五条宣言：

- 做人心、情感和故事讲述的专家，而不做只懂使用技巧的销售员。
- 成为客户信任的导师，并为此目标学习、实践。
- 领悟市场营销的源动力——它将推动增长，助你建立人

013

力资源与销售之间、销售与客户之间、市场营销与CEO及CFO之间的生态环境。因为B2B市场营销会为员工、客户与社会创造一个充分开拓商业潜力的环境。

- 重新发现B2B市场营销中的乐趣。
- 设法为后来者留下更好的B2B市场营销环境，它要比你刚入行的时候好。

我们想讲述一个关于变革B2B的故事。当时，我们革命性地改变了三星的B2B营销方式。这个故事是从向三星推荐我们的服务开始的。那时我们是一家很小的机构，所以尽管拥有三星这样的客户让人感到兴奋，我们也不希望做超出能力范围的事。因此在三星给出的四项需求中选取了一项来进行服务。这项服务是为三星营销S7智能手机，这款手机专门销往英国的中小型企业。

三星的宣传策略是基于这款手机的技术优势制定的。我们当然明白这是一款优秀的产品，它能防水，屏幕也比苹果手机（iPhone）上的耐用，电池寿命也更长。但除了这些优势，我们更明白人们选择苹果手机的原因不只因其功能强大。假设我们的营销方式是直白地描述产品的技术优势，是不会有人在意的。直觉告诉我们要通过接触实实在在的人和运用情感价值来赢得中小企业主的欢迎。

第1章 引言

在我们开始准备营销策略时，作为iPhone的老用户，我们发现了好几处它不尽如人意的地方。例如，我们下班回家时常常发现手机电量耗尽，易损的手机屏幕又让我们成为修理店的常客。这一切带给人们的情感影响是什么？它让我们感到这一天糟透了。因此，我们的营销口号是"更多好时光"。这背后的逻辑是这样的：当你结束了一天的忙碌回到家被孩子问起今天过得怎样时，你的回答常常取决于今天是否遇到了什么技术障碍，特别是在回家路上，如果耗尽的电量让你错过了业务电话，那么你一定会感到沮丧。所以我们的想法是把拥有美好一天的感受融入三星产品，由情感内容引申到产品特性。这样的策略在当时看来很危险，因为我们从未尝试过。但没有尝试又哪来进步？

在向三星方面宣讲我们的方案时，圆桌上五六位西装革履、脸色阴沉的人让我们感到紧张。所以我们直接通过一段名为"情感制定者"的视频来讲述我们的理念。它由一段激荡的音乐开场，与此同时播放我们事先准备的与营销卖点相符的图片。

还记得上一次办公室中的好时光吗？当你能破天荒地早早回家见到孩子？当你的收件箱和月度销售额被照看得井井有条？

在我们定下了这样的主基调后，下一步便是介绍三星手机能帮助解决的种种问题。

为什么这样的好时光越来越稀少？为什么办公室里的糟糕日子越来越多？三星的使命就是让好时光更多，糟糕的日子更少。

接下来我们谈到了产品功能和它们如何给使用者带来便利。其中最重要的一环是下面这段话：

为什么？因为办公室里美好的一天和糟糕的一天区别巨大。在三星，我们的科技致力于在工作中创造更多的好时光。如果三星产品能为你带来好时光，想想让所有员工都拥有同样的感受将会多棒。让我们把那些糟糕的日子抛到脑后吧。

在视频播放的同时，我们感受到房间里慢慢弥漫的热情。从质疑与无精打采变为好奇与积极。我们可以看出那些西装革履的决策者内心已经受到了感染，只是出于职业习惯，他们依然面无表情。B2B的营销官们很少能看到如此直击内心又富有感染力的营销视频。这对他们来说绝对是一场强烈的体验。三天后我们接到电话，"恭喜，我们希望与贵公司合作，这不仅限于你们之前展示的部分，所有的部分都希望由你们负责。我们相信新的营销方案能开启一个令人兴奋的新世界。"我们深吸了一口气，答到："好！"

长话短说，我们帮助三星在B2B营销奖上赢得了最佳企业广告的称号，并让S7智能手机的销量远远超出预计。而最有趣的成果是促成了我们公司与沃达丰（Vodafone）的合作。我们提出了"更多好时光"的销售说辞，于是，沃达丰的销售员在向中小企业主介绍三星S7智能手机时就能开启一段与以往不同的对话。他们用"你今天过得怎样？"代替了"想不想弄点便宜货？"仅仅是形式和内容上的改动就让沃达丰的销售额增长了53%。我们做的不过是简单地让销售变得更加人性化。

1.3 本书将如何帮助你？

我们写本书的目的是帮你一站式地提供变革B2B市场营销的各个方面。当然B2B公司类型各异，既有个体经营的小公司，也有拥有数十名专业买手团队的大型企业。但它们有一个共同点：都渴望发展壮大，并成为各自领域的佼佼者。这是否与你的追求不谋而合？

本书分析了现在的营销手段效果不佳的原因，阐述了赢得人心的重要性。本书也将讲述如何赢得人心，从大脑的运作方式一直到对情感导向型营销理念的理解。接下来我们会探索故事讲述和提升好感度的主要方式，并在本书的最后研究我们所用到的调查报告和数据，它们是你在本书中学到的内容的依据。老实说，我们只需要写写如何讲述故事和行为心理学的应用技巧就够填满本书了，之所以没有这样做是希望你能拥有变革B2B的全局性思维，因为只有把所有元素放在一起才有助于厘清它们之间的联系。

你能学到什么将部分取决于你，但我们由衷地希望你能收获一份使命感。我们这一代市场营销者有责任把行业建设得更好，这样才能吸引最优秀的后来者加入这个充满理想和激情的领域。这是唤醒B2B从业者的闹钟，我们值得争取更好的未来，但首先是要勇于行动。

图1-2展现了新旧B2B市场营销的区别。我们写作本书期间正值新冠病毒肆虐，这是一段特殊时期。即使是在一帆风顺的时候，生活也充满了不确定，更不必说现在了，唯一确定的事情是每场危机都会带来剧变。旧的商业模式褪去，新的商业模式出现。现在是适合B2B市场营销的时候，并成为那些进取型品牌增长新引擎的时机。实现B2B市场营销并不简单，这需要勇气、意志和信念。不过一旦我们能创造B2B的"新常态"，所有努力便是值得的。所谓"新常态"即侧重于客户感受，而非仅仅产品功能；专注于故事讲述，而非仅仅传

第1章 引言

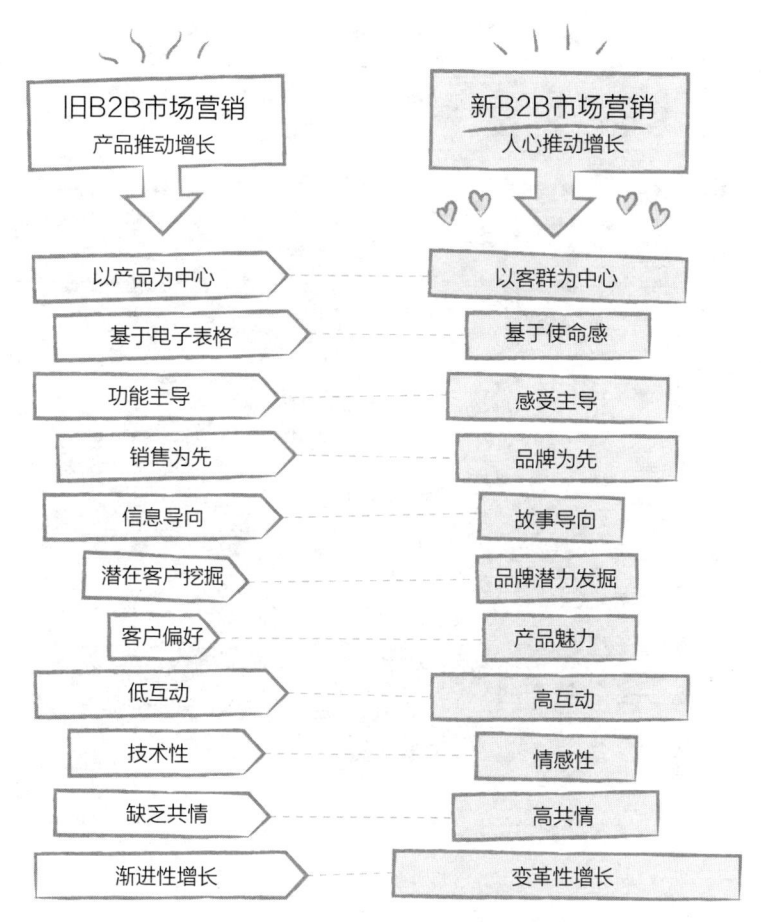

旧B2B市场营销 产品推动增长	新B2B市场营销 人心推动增长
以产品为中心	以客群为中心
基于电子表格	基于使命感
功能主导	感受主导
销售为先	品牌为先
信息导向	故事导向
潜在客户挖掘	品牌潜力发掘
客户偏好	产品魅力
低互动	高互动
技术性	情感性
缺乏共情	高共情
渐进性增长	变革性增长

图1-2 新旧B2B市场营销的区别

递信息；集中于提升好感，而非仅仅推销产品。要做到这一切，你需要新的知识和见解，让我们开始吧！

第2章

一切皆已失效

为什么变革B2B市场营销刻不容缓？

直说你目前所做的工作没有发挥任何作用的确非常直白，所以如果你不同意，我们也不会太吃惊。你也许会反驳，"什么意思？没有发挥作用？如果降价，销售额必增。如果打广告，必吸引更多潜在客户。上次我们将搜索引擎优化后，收获了迅速上涨的排名。没错，虽然某些广告是不如其他广告成功，但广告多多少少起到了作用。"

我们的意思并非是你所做的工作毫无收获。问题在于这些收获只能渐进式地帮助增长KPI，如果你运气够好，最多再增长一点销量。你的企业不至于消亡，但它们绝不能帮你成为业界翘楚或者让你长久地领跑。如果你与其他众多B2B公司一样，形成了市场营销的固化思维，把买家和决策者们当作绝对理性和尊重逻辑的存在，不在营销中左右他们的情感和内心。那么这将会使你难以想象其他可能性。

B2B市场营销为什么会变成这样？想想我们是否曾大步流星地走进办公室，在脱下外套的同时也褪下了个性，变为一台台没有感情的机器？这可不是什么好事。虽然现实并不是这样的，但肯定有这么一个时刻，所有B2B从业者们一致认为符合

第2章 一切皆已失效

逻辑的二元化思路棒极了。也许是因为那些组成B2B世界的工程师、科学家和技术员倾向于这种思维，也可能是因为这样的思考方式比较简单。

如果我们想找到一条新出路，前提是要明白当初是怎么出的错。因为市场营销并非一直都是这样。从20世纪70年代到20世纪90年代早期，B2B市场营销（当时叫产业营销）的方式主要是通过交易目录、展会和零星的直邮广告。这种客户交互的方式既引人入胜又非常有效，特别是在广告领域，它曾是以解决问题为导向的，其中的某些部分曾经充满了人情味。

那么到底什么改变了B2B市场营销？20世纪90年代末期，互联网的出现改变了世界。虽然更准确地说，B2B市场营销的改变并非因为网络时代的到来，而是由于营销者们对其的过激反应。突然出现的全新交流方式是我们始料未及的，更大的问题是我们没有时间进行调整，在未做好充足准备的情况下就出发上路了。

想象（或者回忆）这么一个时期：当沃达丰、甲骨文和微软这样的公司开始大力营销自己的产品时，个人电脑、移动手机和移动通信网络变得家喻户晓，而我们对企业内部数据库和企业级的软件包依旧知之甚少。这些全新的产品等待着被推销，但是如何运用新生的互联网来达到这个目的？在不完全明白这个新生事物的真面目和运行方式之前，最行之有效的方法便是做减法，把一切宣传限制在"实际功效"或者功能上，如果运气好的话，最多再谈点产品优势。科技类产品的特性催生了一条独特的营销方式：在网站上摆一张服务器或者个人电脑的图片，再用一张表列出它的功能，最后贴出价格（根据不同需求还能随时修改）。这样，人们就会纷纷买单。赢得人心和提升品牌价值从来不在考虑之列，那时候的市场营销把所有时间都花在了宣传产品的特性上。

客观地说，这样的方式在一段时间内发挥了一定作用。因为当时的买家们的确想要知道例如一台路由器的速度或者一台标配电脑与高配之间的价格差异。这样的宣传方式是二元化的、缺乏想象力的，但它也的确有一定道理。即使在今天，这样原始的方式依旧用于新兴科技上的宣传，例如人工智能技术。而问题在于科技发展迅速，竞品迎头赶上。对大部分价格相仿的产品而言，它们之间的功能差异几乎可以忽略不计。

对大多数B2B市场营销而言，它们有一套存在已久的价值驱动链。移动手机的传统宣传方式是按照它们有多少百万像素，例如8、10、12或者16。当这个数字飙升到18（即1800万像素）时，它就失去了意义，因为我们已经不在意了。1600万与1800万能有多大区别？同样，宽带网络最初只有16千字节，后来逐渐有了256千字节、1兆字节、2兆字节和6兆字节。而现在我们有了速度别提有多快的"高速宽带"。这样的价值驱动链在科技进步下变得标准化，使消费者难以从同质化严重的产品中挑选出最理想的产品。B2C市场的营销者解决这个问题的方式是创造能够引导人们情感价值的品牌，并以此建立忠诚度。而这种方式在B2B市场还不常见。

另一个导致B2B市场营销变得缺乏人情味的原因就是"软件即服务（SaaS）"概念的诞生。要理解这个概念带来的巨变的规模，你需要设想客户关系管理（CRM）是所有大型企业中一个不可或缺的系统，甲骨文这样的软件商为企业提供极为昂贵的CRM系统，这些系统需要被安装在公司服务器上并需要IT部门进行日常维护。突然有一天，Salesforce这样的后来者以从云端提供相同数据库的模式颠覆了这个市场，人们现在能在任意地点提取数据。这样的系统不需要公司端的任何更新与维护，而且因为采用了价格灵活的订阅制，人们能随时按需中止服务。

类似这样的服务在备受各种规模的企业欢迎的同时，也淡化了传统销售人员的角色——他们是活生生的软件提供商化身。当然，聘用这些人员花费不菲，开销除了工资资金包括差旅和业务拓展费用，但好处是他们能建立出色的客户关系，以至于即便他们另谋高就，客户也往往甘愿跟随他们到新的公司。然而，SaaS的高效让传统销售团队不得不大幅裁员，因为现在企业能很轻松地在网上购买软件服务。这无疑又给了B2B卖家与买家之间本已薄弱的情感连接致命一击。

现在我们能看出从产业市场营销到B2B市场营销的转换是由科技爆发式增长引起的，这反映在待销的产品和销售他们的主要渠道——互联网上。突然间，市场营销者们能够触及规模庞大的买家群体。正如电子邮件可以群发垃圾信息，弹窗广告能使人心神不宁，这样的手段发挥过一些作用，但如此容易地打开大众传播的新世界之门让市场营销从业者们变得懒惰。这种把信息以低成本、快速的模式传播出去的快餐式营销是我们的B2C同僚所不屑的。

2.1 拉动"摇杆"

我们明白了事情的原委，但那又能怎么样呢？如果你观察一下周围，我们敢打赌你会看到这样的场景——你深陷在"更……"这个困局：客户想要比现有的更快、更便宜、更智能的产品。他们会拒绝其他任何有意义的改进，因为你也从未提供过。你忘记了超越客户期待并让他们保持兴奋是你的职责，而不仅仅局限于满足他们的需求。

单纯地把改良寄希望于小修小补过去遗留的问题无异于"拉摇杆"。每一个摇杆代表着一条具体技巧，不论是在社交媒体发帖、创建在线广告、改进公司网站还是发送电邮宣传，都只能起到短期加速器的作用，更不必说它们的空洞和局限。它们不能帮你在深层次上与人群交互或者建立任何有价值的品牌忠诚度。恰恰相反，它们迫使你专注在数据上，因为你可以操纵数据来证明所做的事是正确的。

出于追求业绩的压力，这也是可以理解的。但当你花费时间汇报这类毫无意义的KPI时，例如点击率、转化率和单次点击费用，而不是专注于更有价值的成果，例如上涨的竞品成功率和长期销售额时，你将会发现自己寸步难行。正如端到端信息技术服务公司DXC科技的区域市场与传播副总裁简·格兰仕斯基（Jan Gladziejewski）所说，"我从未见过有哪个CEO真正地表现出对市场营销KPI的兴趣。我们需要急高管所急。"时不时出现的新花样譬如使用关键意见领袖营销会对你产生诱惑，你会追逐这样的花样来让这儿或那儿变得更强（再次落入"更……"的困局）。你会取得一些让你感觉良好的小成果，但不可能是大胜。你不会想要危及现成的业绩，因为它还过得去。

市场一直在改变。"千禧一代"，作为新生的消费主力军，对情感价值在商业应用持相对开放的态度；越来越多的女性领导出现在规模可观的公司管理层中，她们对情感是如何融入购物体验和怎样用其引导消费有着深刻的领悟；在欧洲，人口年龄的中位数已经破天荒地来到了40岁，美国也很快就要达到这个数字。人们正在老去，随着年龄的增长，人们的注意力越来越少地放在自身上，反而更注重家庭、遗产和环境。这使得40多岁或者50多岁的B2B买家们比20年前的自己更加包容和富有同理心，正如现在刚刚进入社会的年轻人一样。

同样，商业思维也在经历一场变革。西蒙·斯尼克（Simon Sinek）与他的著作《从问为什么开始》（*Start with Why*）的理念使一部分董事会成了"目的革命"的一部分。这种思维方式促使高管们对公司存在的目的提出疑问——我们到底在追求什么？追求的目标与消费者以及员工有什么关系？我们如何面对社会问题？我们希望市场营销者如何帮忙应对？在此基础之上，21世纪的市场思潮认为商业应该与环境更友善。融合了正念与同理心的商业社会使现在成为给B2B带来更多人情味的时刻。用老法子做事越来越行不通了。但是B2B市场营销并没有与时俱进地做出改变，因为它不想这么做——它已经习惯于简单拉动那些陈旧的"摇杆"了。而这必须改变。

市场营销的变革又如何反映在实际层面？在我们的经验中，多数B2B买家和决策者都活在被称为"畏惧（FEAR）"的定式中，FEAR由4个词的首字母组成［挫败（Frustration）、推诿（Evasiveness）、冷淡（Apathy）、风险厌恶（Risk aversion）］。这不仅是普通意义上的惧怕，更是挫败、推诿、冷淡和风险厌恶的集合体。成功市场营销的第一条原则就是学会识别买家的这种状态。具体来说：

- 挫败（Frustration）——B2B买家和决策者们长期感到挫败。因为他们被要求以更少的资金买到更多的产品，他们的团队缺乏相应的技能，并且常常感到超负荷工作和被怠慢。

- 推诿（Evasiveness）—— 营销者和销售员让买家感到被纠缠，以至于他们采用各种方式使自己无迹可寻。他们屏蔽广告来保护隐私，挂断一切除了非接不可的电话，对屏幕上的弹窗广告熟视无睹。

- 冷淡（Apathy）—— B2B买家和决策者们会无视那些号称能带来革命性变革或者数百万英镑结余的供应商。他们被繁多的产品特性和优点宣传折磨，被稠密的内容轰炸，以至于只是为了搞清宣传背后的含义所需的研究就与一份全职工作的工作量相当。

- 风险厌恶（Risk aversion）—— 当下易于获取大量信息带来的结果是，买家更害怕做出错误的决定。这又被称为对损失的厌恶倾向。正如市场营销权威罗里·萨瑟兰（Rory Sutherland）指出的一样，买家害怕被指责甚于害怕犯错。现实也证实了这一观点：许多公司成立了正式的采购团队或者委员会，而这无疑摧残了买家的独立性并且迫使他们解释每条决策的原因。

你现在明白了在这个买家与决策者的"畏惧"空间内，如果有任何赢家，那它一定是现有的供货商，因为它已经在这个系统内了。市场营销决策者难以形成决策往往造成市场营销业务难以开展。如果你作为营销者的努力仅是对买家进行信息轰炸,而不是带来与众不同、有吸引力与亲和力的表述,你将会让他们感到"畏惧"并继而引发决策瘫痪,而不是对产品的兴趣。

那么解决方案是什么?说起来也简单,让决策者们感到"振奋(BRAVE)"即可,BRAVE由5个词的首字母组成[买家情感(Buyer emotion)、认同感(Recognition)、欣赏(Appreciation)、价值(Value)、交互(Engagement)]。我们会通过本书介绍和扩展"振奋"的内涵,但这里先让你感受一下它的运作原理:"振奋"是"畏惧"的解毒剂,其核心是使用更有人情味的方式识别那些影响决策的因素。经验告诉我们,善于使用"振奋"原理的营销者们远比只会拉"摇杆"的同行们成功。

- 买家情感(Buyer emotion)——人们的购买行为是基于感受,并由逻辑做支撑。而纯粹的理性并非源动力。如果营销者花光所有精力在因果关系上,反而会错过最能激励买家的因素。

- 认同感(Recognition)——买家也是人,他们需要的是被奖励和认同。营销者怎样让他们收获团队、公司甚至行业的认同来提振他们的信心?营销者如何为他们服务,而非索取?营销者怎样能让他们感觉良好,并感激营销者？

- 欣赏(Appreciation)—— B2B买家需要应对比别人更多的科技变革，但他们也是人，应对这场改变的能力更多地取决于人类的自然极限而非摩尔定律。他们欣赏的是那些能够体谅买家所面临的挑战的供货商。所以营销者准备怎么应对？

- 价值（Value）——买家不需要过度包装，他们需要的是有人情味、思维敏捷的供货商。营销者怎样能急买家所急？是否有什么只有营销者才能提供的价值？如果营销者能尝试解决他们自身都未意识到的问题就更好了。因为能让市场营销价值最大化的途径就是提出他们都未曾想到的问题。不要只是认同买家的需求，而要提出质疑；不要简单地只解决买家提出的问题，而要找到他们未曾发现但实际存在的问题。

- 交互（Engagement）—— 买家对市场营销有很高期望，他们不想被动地买。买家期待能与营销者通过有创意和共鸣的方式交互，因为人们会为人情买单，正如为产品买单一样。

你现在明白了"振奋"法则即是对买家个体情感的识别。你可能会思考怎样对不同客户应用这条法则。但当目标客群营

第2章 一切皆已失效

销（ABM）方式被采用时，对大部分企业来说，80%的营业额将来自20%的客户，这时你的工作就是识别那些数量稀少但是极其珍贵的客户。你务必要十分了解他们的需求，这样才能做到一对一或者一对多地营销。如此你才有时间来解决"畏惧"带来的问题。

如果你不这样，而是用最容易普及的方式进行大众营销，你只会斩获那些最普通的买家。他们抱怨价格并且货比三家，又爱讨价还价，反复无常。他们要求与优质客户一样的服务，他们如飞蛾扑火般受实际功效和低廉价格组合的吸引。大部分B2B企业对消费者一向来者不拒，因为在企业看来，客户越多越好。但这样做的后果是你会怠慢那些优质客户。他们是忠诚的、希望重复购买的固定客户，即便你的要价更高。他们也对你赞誉有加。因为他们认同你和你所代表的价值。为什么他们会这样？因为你在情感上与他们产生了纽带。

你能从这里面看出，近年B2B市场最显著的改变就是越来越清晰地认识到人会为情感买单，而不仅是为理性。但不要只听我们一家之言，也看看世界上最成功的公司是如何描绘这一现象的。2016年，谷歌和CEB[①]开展了一项影响深远的、被称

[①] 美国一家为企业管理层提供专业顾问服务的公司。——译者注

033

为"从营销到情感"（From Promotion to Emotion）的研究。这项研究分析了来自36个不同行业的B2B品牌的3000位买手的调查问卷、50名B2B高管的专访以及一系列二级研究资料。在调查公司Motista和CEB市场营销领导委员会的协同下，这项研究考察了情感在B2B销售过程中扮演的角色。

研究的结果显示——与期待相反——大部分的买家对B2B品牌的情感依附更甚于对B2C品牌的需要。不过如果你换个角度想，研究结果其实并不出乎意料，B2B的购买行为意味着更多的个人风险。如果买手做出一个错误的决定，最好的结果是浪费大量的时间和精力，最坏的结果是失去信誉或丢掉工作。正如对损失的厌恶理论指出，想要避免这一切的愿望是强烈的。所以我们在规避坏事发生和得到潜在益处之间，总是选择前者。因此B2B的决策者会情感化看待所购之物。

消费者市场营销在多年前就领悟了情感的重要性。坦白说，消费者市场的成果更容易量化，因为联合利华（Unilever）第一天投放了一条电视广告，第二天货架上的产品就会销售一空。但由于B2B市场较长的销售周期——短则数月长则数年——对成果进行即时评估变得困难。不过这不应是借口，这不能全怪B2B买家——B2B企业也有责任。企业需要在营销中找到对狐疑不定的客户展现人情味和情感的途径，这样才能刺激买家的购买欲望。这好比做蛋糕，B2B市场营销用高超的技巧烤制只是看起来美味的蛋糕，但当消费者咬上一口后随之而来的厌恶使他们不得不吐出，因为营销者没有放糖。而糖代表情感，我们必须学会如何使用情感，因为情感才是买家真正需要的。

2.2 接下来怎么做？

如果你是行业前三名的领导者，轻松地拉动"摇杆"就足以让你满意。更让你高兴的是，别人只效仿你的脚步，因为他们永远也不可能赶上你。偶尔让你晚上失眠的是对行业第四、第五名的担忧，思索着它们是否会利用人性化的营销变革市场。这的确值得仔细想想。

好消息是如果你对自己的定位是带来变革、颠覆或者创新，那么奖励将是丰厚的。因为如果你的愿景是改变公司所处的行业地位，B2B正是最适合施展拳脚的地方。事实上，由于行业惰性，或是由此导致的结果，这个领域在吸引那些渴望变革的人才上做得远远不够。很多科技公司从消费者企业中招聘首席营销官，并期望他们勇于开启品牌建设的新时代，不幸的是，与他们意见不合的资深管理层往往希望用老法子做事，因此CMO很少任职超过一年。我很欣赏客户曾经打的一个比方——如果B2B的难度是象棋，那么B2C的难度最多是跳棋。直面B2B的难题需要深刻的智慧，所以并不是每个人都能做好。

解决这个难题，首席营收官（Chief Revenue Officer）和首席发展官（Chief Growth Officer）职位的创立开了令人期待的好头。这是一项由美国首创，后又发展到英国的变革。它受到了那些觊觎董事会席位的销售或市场总监的广泛好评。这两个职位的职责是统揽品牌、销售和产品等一系列基于客户的运营活动。这足以令人兴奋，因为市场营销的未来必然是着眼于如何使公司长远发展。对B2B营销者来说，这是一个展现市场营销能够带来增长、客户认同和挑战陈旧销售模式的绝佳机会。

同样令人鼓舞的是，B2B营销者们最终选择了用更有人情味的方式描述客户，而不是把客户看作一个个数字。以客户为中心这个理念，一般体现在高薪聘请客户体验经理上，这是CEO和CMO数一数二重要的工作计划（也许客户体验经理一直非常重要，只是我们现在才明白）。现在我们认同以产品为主导的B2B世界需要重塑，在这个过程中，把客户置于产品研发决策的中心必不可少。以客户为中心的认同还没有完全，或者充分地渗透到市场营销决策中，但至少这样的认同已经初步诞生。类似地，很多SaaS公司创造了名为客户成功经理（Customer Success Manager）的职位，来确保用户们收获最佳的体验而不是转投竞争者。客户成功经理的任务就是通过着眼于体验而非数据来保证顾客满意。但对于营销者来说，困难在于——正如Opayo[①]（前身为SagePay)的市场与产品总监马丁·皮考克（Martin Pitcock）所说——"客户成功经理团队不向市场部汇报，这使得市场营销成为公司发展重心之路还很漫长。"

我们与一些尝试了"品牌营销"但铩羽而归的公司进行过对话。当问起他们的具体措施时，我们发现这些公司做的并不是真正意义上的品牌营销，而仅是强化版的潜在客户生成。打造一个富有人情味的品牌，时间和资源必不可少——这非一朝一夕的营销能够达到。品牌建设是一项需要长远眼光的长期博弈。虽然这很难，因为你原本可以快速取得能在下季度汇报中展现成果的短期收益。与未来对赌不容易，但这正是品牌营销的关键。当然你之所以入行市场营销，是因为想要证明通过一系列创造力和商业直觉的组合，为公司开拓一条新的道路，并

---

① 英国一家支付处理服务提供商。——译者注

为其带来前所未有的收入。市场营销需要的正是这样的思维方式，而非无数人在不同时间拉动同样的"摇杆"。

关于B2B营销缺乏情感的讨论已经持续了十年，但依然没有讨论出可以达成共识的结论。问题在于，出于种种原因，营销者们不明白如何改变，B2B企业也没能做好说明的工作。变革的时刻已经到来，在当下改变未来。如果你希望避开那颗朝你砸来的陨石，把客户置于对话的中心是关键一步。我们会在下一章探索这意味着什么。

第 2 章 一切皆已失效

本章总结

- 最初，B2B市场营销曾自然地把情感渲染作为必不可少的一部分。
- 随着产品的技术进步和越来越普遍的网上销售，生产者们从推销感受转变为推销功能。
- 短期策略只能带来平庸的结果。
- 时代改变了，B2B买家们希望与购入的产品产生情感纽带。研究证明了此观点。

第3章

新真相

B2B市场营销的新时代正在到来,为它提供源源不断动力的是"新真相"。这个真相是人们希望因认同而买,而非为买而买。他们想要懂得你的公司的价值、存在的意义以及站在背后的人。他们希望看到活生生的面孔,即品牌。

此外,还有另一个真相——如果你接受上述理论——那种二元化的以宣传功能为主导的B2B营销之所以会让你难以忍受,是因为它看起来既受限、死板,又缺乏色彩。你看向四周并且思考为什么你能如此长时间地接受它,为什么其他人也没有感到任何不妥。你如果不拥抱新思维,危机和陨石就会来临。所以我们打算对你坦白,如果你认可以下想法,本书将毫无益处:

- 认为优质的产品永远为王。
- 认为更多的潜在客户必然带来更多的销售额。
- 认为吸引买家和决策者的第一要素是产品功能。
- 指望通过销售足够多的产品来自然而然地建立品牌。
- 喜爱搬弄销售数据来展现你最近1%的增长。
- 认定买家的每一个购买决策都是纯理性的。

没有中间立场,你要么认可,要么否定。如果你的思维局

第3章 新真相

限在认为人们想要的仅仅是产品，你将最终消亡。如果你能开拓性地意识到，客户的需求是认同你的品牌（即便目前你还不明白这背后的原理），你将会崛起。Tata咨询公司的品牌与合作总监马克·博加迪斯（Mark Bogaerts）对我们说过，"B2C受品牌驱动，而传统B2B受销售驱动。"所以从销售到品牌的转换至关重要，而对既定思维的质疑是迈向品牌开拓的第一步。

你如果不确定什么是自己的思维模式，问自己这个问题："对于拉动市场营销中的种种'摇杆'，我是否感到高兴？是否感到兴奋？是否能看到它的潜力？"如果你的答案是否定或者不确定，那么勇敢地去尝试拉动一个叫"品牌"的摇杆吧。你如果能恰到好处地拉动这个摇杆，并对其他摇杆给以适当的调整，成果将是显著的。你可以把"品牌"认为是总摇杆，它不但能帮你为长期销售做好准备，也能为潜在客户带来更多黏性——你的产品升级会收获更多关注，社交媒体也能更吸引眼球。这些好处是品牌思维带来的。

3.1 为什么是现在?

前文提到世界被新冠肺炎疫情笼罩,这使企业催生出了一轮新的应对方式,用以帮助人们解决最棘手的问题——消费者们急需信息与援助。Ipsos①的研究表明74%的消费者渴望了解那些乐善好施的品牌,几乎同样多的人认为企业有在危机时刻提供救助的社会责任。商家们提供援助是明智的,因为即使在后疫情时代,世界也不可能像从前那样了。历史教育我们后危机时代充斥着科技革新和人与人、人与世界等各种观念的重塑。当下也一样,人类永恒不变的渴望——自我表达、归属感、被接纳、知识、交流和自我实现——会一如既往地驱动我们的决策。在危难时刻能够证明自身价值的企业将会获得长远的发展。

一部分公司已经开始行动了。在美国,福特汽车最新的产品广告昭告将会暂停收取购车月供。当被问起如何看待这样的广告,90%的人表示认可福特是"美国文化的一个重要部

---

① 一家总部位于法国巴黎的市场调查与咨询机构。——译者注

分"。尝试领悟一个在危机时刻把自己融入国家精神内核的品牌。想象一下这将对福特的长期发展带来什么影响。

当然,早在当前危机来临之前,就没有什么叫作一切照常。西蒙·斯尼克在他关于世界新结构的表述中,极富感染力地描述了"无尽博弈"这一观点。与之相对的"有尽博弈"是指通过恒定的法则在竞争中取胜。例如,一家公司发布了一项新产品功能,它的竞争者只能通过发布另一项有同样功能但更强大的产品取胜。消费者从前者投奔至后者,导致前者不得不降低售价……接下来的故事大家都明白。

而在"无尽博弈"中,新的法则与参与者能随时进入,不但没有任何公司能"稳赢",而且还需要不断尝试与创新。在这样的环境中,我们不知道接下来会发生什么。但可以确定的是,一个牢靠的品牌形象能避免永无止境的打折和乏味的产品推介。无论外界环境如何改变,投资品牌建设并有强大信念的公司将会蓬勃发展。福特赢得人心的方式并非靠发布一款有新特性的车,而是靠积极地、建设性地直击消费者的情感共鸣。

我们在前文讲到买家和决策者对市场营销的逐渐疏离,是由于过去20年的营销方式使他们产生挫败、推诿、冷漠和风险厌恶的情感。他们由衷地厌烦基于冰冷内容的轰炸式营销。买家没有必要接受这样的方式，因为互联网就能为他们提供所需的信息。研究表明B2B买家早在打通供货商的电话之前，就已经完成了超过70%的决策过程。通过接触充斥着领英上的B2B协会（B2Bi@领英）、社交媒体和博客的资讯，他们早已明白什么是适合的产品。如果他们从你这里得到的不过是同样的信息，你将永远不会取得竞争优势。我们知道让营销者们拒绝搬弄内容和数据的营销方式将充满挑战，因为这样的方式在当今已经十分普遍。正如ResponseTap[①]的市场营销副总裁尼克·阿西莫（Nick Ashmore）所说，"对缺乏内涵和广泛撒网的营销方式的斗争将持续下去"。事情的关键在于，你必须坚持斗争。

讽刺的是，人类在新事物面前首先表现出来的本能就是对改变的抗拒——我们本能地倾向于对新事物的质疑与消极应对。但如果变革是必然的需求，那么实现变革可以是愉快的、刺激的、有启发性的和引人入胜的。当今世界的不确定性为B2B市场营销催生了一些成功范例——勇于创新并且与客户交互不仅是雄心勃勃、奋发向上的公司的精妙策略，它更是生存所必需的。市场领导者赢者通吃的那个相对稳定、可预测的

[①] 美国一家市场营销软件服务提供商。——译者注

世界早已让位，替代它的是一个敏捷的、具有创造力的"游击队"可以打败占据主导地位的"正规军"的不可预测的世界。

3.2 B2B增长的五条法则

2019年，B2Bi@领英苦于对打造B2B品牌的研究资料的贫乏，委托品牌力权威勒斯·宾奈特（Les Binet）和彼得·费尔德（Peter Field）开始了对B2B市场营销的基础性研究。当然，B2Bi@领英与我们一样，本能地知道人们会为品牌而非为背后的公司买单。但为什么关于这个方面的实证研究这么少呢？为什么B2B公司看起来不明白品牌的长远价值？为解答这个问题，宾奈特与费尔德使用了英国的IPA数据库（IPA Databank）——世界上最好的市场营销效率研究资料来源——来分析B2C和B2B哪种策略的成效最佳。他们在数据库中发现的有趣数据表明B2B需要向B2C学习。如果你希望了解这项研究的细节，可以在本书第9章的"无可辩驳的事实"中找到相关内容。以下对研究结论的概括可以先帮助你思考。

这份研究的结果如同一间信息宝库，我们认为它是每个渴望为公司带来发展的B2B营销者必读的。概括地说，它表明"B2C的一系列关键驱动力在B2B中同样适用,这也意味着B2C与B2B的最佳实践比以往设想的有更多相似性"。这可以视作号召B2B营销者们向B2C品牌学习——如果他们希望变革销售方式而使公司成为行业翘楚。

研究的主要成果可以总结为B2B市场营销中要遵循的五条法则:

(1)投资话语权。对话语权进行投资的B2B品牌普遍迎来增长,反之则往往萎缩。这背后的逻辑是你需要同比以往更多的消费者对话,以扩展销售额。这项法则的要义是品牌广告营销。

(2)平衡品牌建设与营销拓荒。战术性的拓荒广告能产生高投资回报率(ROI)但很难让人铭记。它的作用是短暂的,并且对效益长期增长的作用有限。与之对比,品牌建设是长期增长的最佳催化剂。因为它在广告期结束以后还会产生深远的影响,依旧能左右购买决策者的情感。要达到这个目的,就要做到比战术性营销更广的延伸,使它最终更有效益,并且还会随时间推移而增加影响。品牌建设也能减少价格敏感度并帮助你提高盈余,正因如此,它是长期受益与增长的主要驱动力。在实际操作中,B2B品牌应该以约50:50的比例,平衡长期品牌建设与短期营销拓荒的投入。现在能做到这点的

第3章 新真相

公司还很少。

（3）拓展客户基数。尽管你可能会假设得到新客户的价值与向老客户销售相当（即使后者利润更高，因为开拓新客户的成本高昂），但数据显示这一想法是错误的。实际上，B2B获取新客户的策略要比维持现有客户忠诚度的策略有效。换句话说，能为你带来增长的是新客户而非老主顾。这意味着最成功的B2B品牌是那些"有最多客户，最频繁地向最广泛人群交互的品牌"。如果你仅仅采用与客户一对一的推广方式或是向现有客户发送不合时宜的电邮广告，你就不可能做到这点。

（4）最大化脑力接纳度。虽然大部分人明白脑力接纳度对B2C市场营销的重要性（我们购买最熟悉的品牌因为这不用动脑），但其在B2B中的重要性常被忽略。营销者们认为B2B买家会以有逻辑的、深思熟虑的方式来选购最正确的而非他们最熟悉的产品，但宾奈特与费尔德提供的著名案例表明，这个现象已经从20世纪70年代起不复存在："从未有人由于买了国际商业机器公司（IBM）的产品而被解雇"。这揭示了企业买家们把喜好与情感混为一谈的有限脑力接纳度，表明那些能够在人们心目中提高公司形象的B2B广告是最有效的，品牌知名度与收入正相关。

（5）紧握情感的力量。在B2B中，情感化信息的长期效果

049

最好，追求短期效果则需要用理性的表达。这意味着对那些已经做好购买准备的客户，你应该用理性的方式；对尚未考虑你的产品的客户，你应该用感性的方式。换句话说，已经认可产品的人会对新价目表和功能信息感兴趣，尚未考虑你的产品的客户则首先需要感性的引导。

这篇具有开创性的研究报告揭示了品牌营销如何成为公司发展的源动力。但很遗憾，有许多CEO从未读过这个报告，如果它能被重视，CEO们将对公司革新有更大把握。更让人沮丧的是，很多B2B营销者所做的恰与此报告推荐的做法相反。他们不但不花心思打造品牌，甚至不对营销广告的影响力进行超过六个月的追踪；他们不但不专注于拓展新客户，甚至错误地认为客户忠诚度会提高销售；他们不但不在品牌广告上下功夫，甚至对广告带动收入继而增加利润这样的规律视而不见。

这听起来令人消沉，如果你抱有同样的观点，那么它将变为现实。但换一个角度想，它代表一个绝佳机会。宾奈特与费尔德认为，当今的时代将B2B勇敢者称为"正确的逆行者"——他们在抛弃教条的同时，坚信这些新的法则有助在竞争中取胜，并使公司成为行业引领者。

3.3 品牌的重要性

CEO们花很多心思在"品牌"二字上。它有多彩的标志和漂亮的设计，它代表企业特征——品牌最传统、最保守的体现。然而CEO们听到这两个字（因为他们没有品牌思维）时，不会联想到的是品牌可以成为公司发展的动力。

要弄清品牌的工作原理并不困难。我们都体验过花高价购买某件商品，或者因急于入手某物而忽略其他选项，这是因为我们对这件商品或某个公司的感受强烈。我们敢说大部分B2B公司的CEO买车时会在特斯拉、宝马、路虎或其他高端品牌之间选择。他们为什么不选择其他更便宜、功能相似的替代品？如果这些CEO把眼光投向自己的产品线，并用竞品与之对比，他们又能看出多少区别？恐怕即便是路虎揽胜（相对贵）与斯柯达（相对便宜）两种车的车载财务软件都没有太大差异，何况所谓车载财务软件根本不存在。这些CEO认为客户的选择是纯粹地基于功能差异或者价格优势。

正如宾奈特与费尔德在研究中提到的，脑力接纳度法则可以解释上述现象。我们在潜意识中经常使用走思维捷径的方式做决策。例如，开车去见朋友应该走哪条路？一定走最熟悉的那条，就算它不是最短的。到了办公室要做的第一件事是什么——冲咖啡还是开电脑？我们总是先做其中一项，这样就不会纠结。我们对熟谙的事物有好感，这正是品牌推广的原因。我们如果经常在电视或者社交媒体上看到某款产品，我们会倾向于设置购买的合理性，并对产品抱有信心。除非有压倒性的理由促使我们选择陌生的产品，我们会偏爱购买已经熟知的。潜意识已经在我们头脑里占据了一个位置，正向我们兜售它看中的商品。

如果对产品采用品牌引导的模式，你将会见证它对营销漏斗的积极影响。B2B中有一条流传已久的谬误：你只应该花心思在那些有可能消费的人群身上。但研究结果却截然相反，要想成功，你需触及尽可能广的受众群体。这类受众群体一般不会成为传统B2B潜在客户挖掘计划的目标，因为在品牌力缺失的情况下，所有进入漏斗的潜在客户的需求仅限于产品功能性，而他们不一定是你的最佳客户。他们被短期的营销所引诱，而非基于自发性的喜爱。强大的品牌会吸引最佳的人群进入漏斗，他们也更有可能购买和喜爱你的产品，并且向更多人推荐。他们将会重复购买，因为他们受品牌的吸引而来，而非一两件之前购买的产品。以B2C为例，当苹果发布iPad这款产品时，它成功地启发了大众对一款介于手机和笔记本电脑之间的全新产品的需求。一切都是因为人们信赖苹果这个品牌。

第3章 新真相

　　品牌的角色是像路标一般指引买家是否与你产生互动。一旦被认可,相较于只追求功能进步和特价,买家愿意为你支付更高的价格。这足以让利润来承担营销费用。思考一下我们为什么愿意花费更高的价格购买一件普拉达西服。衣物大同小异,但普拉达作为奢侈品牌的价值可以使它获得额外收入。仅出于此,不考虑其他因素,B2B公司就不该对品牌潜力缺乏野心。买家们希望认同你的公司,这意味着你要投资品牌建设。它既是公司发展的主要动力,也是价值和资产的体现。在品牌力缺失的前提下,你拥有的仅是快餐式的、依赖潜在客户开发的营销模式。这样的模式持续了多年,但并没有助你在行业中独占鳌头。

　　下面的案例将有助于理解上述问题。企业软件提供商SAP在与客户建立情感桥梁和差异化定位上非常成功。为了推广体验管理软件,SAP在投放的广告中邀请演员克里夫·欧文(Clive Owen)幽默地讲述了此软件能够捕捉到的各种人类情感。这运用了B2C的一个经典技巧——利用个性与形象大使让产品变得更有关联性和记忆点。正如演员娜内特·纽曼(Nanette Newman)之于Fairy Liquid[①],或者海岛猫鼬之

[①] Fairy Liquid是一家英国的洗涤用品品牌,娜内特·纽曼是其代言人。——译者注

于Compare the Market[①]。这类符号化的表现手法有强大的力量，因为它给了消费者一张能与品牌所对应的脸。我们可能不会记住服务商的名字，但我们仍会在谷歌搜索框输入"海岛猫鼬保险"。研究显示，B2B与此别无二致。

丹麦的马士基航运公司是另一个绝佳的案例。谁能想到这家专注环球商业航运的公司能够建立独特的品牌个性？但它的确做到了，并且因为其对待社交媒体的方式，从而获得了一系列奖项。2011年，马士基航运公司创造了B2B公司中最成功的内容营销策略之一，其包含了在不同市场建立超过30个社交媒体账号。这样做的目的不是挖掘潜在客户或者增加客户基数，而是通过强有力的故事讲述，向人们分享引人入胜的内容。这样绝妙的思路通过旁白叙述描绘了集装箱航运业的日常。

宾奈特与费尔德认为，品牌广告通过建立纽带、推动购买时机和深化优质客户的情感来促使人们购买产品。这种走情感路线的优势是易于记忆和效力持久。也就是说，当你使用其他功能性的市场营销"摇杆"的时候，它们的效用也将被最大化。你只需对它们稍加修改就能使用而无须大动干戈。

当然，那些行之有效的方式对于短期销售还是有作用的，

---

① Compare the Market是一家提供各类保险价格比较的英国网站，海岛猫鼬是其创造的虚拟形象大使。——译者注

例如促销。但唯有品牌建设能够带来长远的成功。如果你能说服那些真心实意被你吸引的客户，就可以在此之后再向他们提供产品信息。无论如何，客户在真正被你吸引之前不会对产品感兴趣——他们会回避或遗忘你的常规促销信息，因为他们这时与普通消费者无异。

在B2C中，情感引导与理性引导的比例大致为60∶40。研究显示B2B则应该使用46∶54的比例，其中46%的资源投入品牌建设，54%的资源投入理性拓荒渠道。尽管理性引导的比重仍略高于情感引导，但当前B2B营销者们也尚未做到。

3.4 故事的力量

在B2B领域，故事讲述的理念愈发受到欢迎是一个让我们感到欣慰的变化。几乎每一个CEO都知道他们的公司亟须讲述更好的故事，因为他们愈发相信故事能带来增长和连贯的公司形象。在某种程度上，情感化的故事讲述成了"新的品牌"，这也是很多快速增长的高价值公司正在做的。我们会在本书后面的部分更深入地探索故事扮演的角色和其本质，但出于其对于品牌建设的独特辅助性，我们在此先提出这一概念。

故事讲述是生活中不可或缺的部分。从人类的祖先围坐在篝火前,讲述着当天的惊险和功绩起,我们就已习惯了倾听和记忆关于生存的故事。宾奈特与费尔德的五条B2B增长法则也在其中穿插了故事讲述。它能帮助企业提高话语权,使之能在业界对话中处于主导地位,从而有利于扩展客户基数。故事讲述还可以帮助品牌最大化脑力接纳度,使消费者的购买决策变得更加果断。最后它还能俘获人们对品牌的痴迷和依赖。

扪心自问:如果你的公司能讲述更清晰和吸引人的故事,你会赢得更多客户吗?如果你的销售说辞能使品牌更有特色,你会得到更多订单吗?答案是肯定的。所以你为什么只专注于兜售功能和技术?你应着眼于品牌故事的竞争力,而非产品的。因为故事能带来的差异化优势远远大于空洞的功能数据。在成熟的完全竞争市场中,品牌是唯一能够用来区分公司的要素,而故事则是其中最关键的部分:公司在市场中以什么形象示人,又是如何讲述故事和描绘公司个性的。如普通消费者一般,企业买家也会对此产生共鸣。

不论你乐意与否,在人们愿意听你的故事之前,你必须想办法获得讲述的权力。这代表在扩展客户关系的早期,有趣比准确更重要。然而这并不意味着哗众取宠、缺乏实质内容。重要的是,你务必要找到突破决策者们个人防御的方式。做到

第3章 新真相

这一点不可能通过解释产品功能，但能靠讲述一个让人信服的故事来达成。成功的品牌都有融入其市场营销DNA的故事。例如，Salesforce有一支专注于讲述品牌故事的团队，聚焦在那些使用其客户关系管理软件并被冠以"开路先锋"的一众客户。Salesforce并非简单地贩卖商品，而是把自己视为商业社群进步的动力源。

你也许会问，那我的产品呢？当然，它们也有值得讲述的故事。但产品推动的增长和人心推动的增长有很大不同。前者是B2B在过去20年所执行的方式，而后者是我们现在该做的——在客户与品牌之间建立情感纽带。故事的力量来源是其中的人性元素，正如你现在明白赢得人心才是一切。你将在下一节学到更多以人性化方式进行B2B市场营销的方式。

本章总结

- 基于品牌的市场营销是一种思维习惯——如果你之前没有，那么现在开始学习。
- 市场营销的新方式决定了现在已经到了改变思维习惯的时刻。
- 要吸引最优质的客户，B2B市场营销需要花更多注意力在品牌建设上。
- 品牌必须通过广告和故事讲述与尽可能多的人群交互，以求在消费者有限的脑力接纳空间中占据一席之地。
- 品牌建设帮助公司吸引心甘情愿的客户，并挖掘潜在客户带来的积极作用。
- 故事讲述是品牌建设的关键，因为它使你的产品具有关联性与记忆点。

第4章

人心换人心

你很难找到一家不发誓把客户放在第一位的公司。它们当然会这样说。但真相是，客户在大多数公司的生产经营活动中都不是中心。即使B2C公司正努力记住客户是运营中最重要的部分，但B2B公司却对客户毫不关心。他们认为产品永远是第一位的，如果你不相信这个说法，那么在下结论之前先继续读下去。

　　通常，客户应当成为商业行为的中心，而不是仅作为产品研发和销售流程的收尾。市场营销没有任何不同，B2B的客户不是冷冰冰的物体，而是有血有肉有情感的人。要记住他们才是营销活动的最后接收者，不论他是首席采购官、首席财务官、首席信息官或者某个小型公司的董事长、总经理（这些简称难道不令人感到疏离吗），你所做的一切都针对一位有情感、偏好和不安感的人——正如你自己。当然，你在B2B营销中面对的不止一个人，而是由员工和商业伙伴组成的受众团体。因此，我们更倾向使用"受众"而非"客户"来描绘他们，尽管后者的优势是能够帮助浮想出人的影像。

　　商业由人组成——每一家公司都建立在人的基础上。在互联网时代来临前，所有B2B市场营销的方式都是面对面，但我们对使用机器来替代我们的工作的执着令B2B市场营销缺乏人情味。SaaS模式是此现象的代表：虽然它提供极佳的效率并且也常受客户青睐，但也要记住它使原本以面对面交互为核心的模式机械化了。这意味着你首先需要投入更多时间、精力和资金在那些连接公司与客户的中间人身上。这里我们指的是前线员工，他们可以是电话服务中心接线员、客户服务经理或物流司机——不论称谓是什么，他们都是有可能接触到公司外部的人。其次，你还需要对品牌投资，因为那是另一个能展现人情味和感染潜在客户的方式。现在是时候要找到两者之间的平衡点了。

你可能会想这有何难，况且倡导变革市场营销模式的声音已经多年不绝于耳。你是对的，但问题在于大部分B2B公司还没能让这个愿景落地。所以我们必须变革，并直面客户的困难和挑战。不止如此，我们需要使用情感来带动人们的思维，进而带动产品，即变革B2B。

4.1 客户有怎样的体验？

对该为客户提供怎样的具体体验的讨论已经在B2C的管理层中持续了5年。基于我们所见的研究，客户体验是企业最注重的，它是提升销量和客户忠诚度的三项要素之一。在设计科技设施和服务时，客户体验被视为首要考虑的因素。在B2B中，尽管以客户为中心的理念已存在了50年，但现在反而不如以前。鉴于B2C重新展现了对客户，以及对客户的品牌需求的兴趣，我们认为B2B也应该效仿B2C，并迅速超越他们。

那么B2B为何不以客户为中心了？假设你供职于一家工业打印机生产企业，这家企业在全球有4处生产基地，这意味着公司每年需要生产至少数百万台打印机才能维持收支平衡。研发团队想方设法地寻找增强产品功能的方式，以求提高销量。你们的最新产品XY24X打印机每分钟能打印1000页文件（打印机生产商的价值支撑）。你作为产品营销经理，每年则需要卖出成千上万台设备才算成功，为达成这个目标，公司分配了数百万美元的市场营销预算。现在，你将怎样对潜在客户营销？我们猜想你会这么做——你会着眼于产品的独特卖点——

第4章 人心换人心

每分钟的打印速度——与其他你所能想到的技术性优势。确定的是,你绝对不会探讨品牌价值或者左右人们购买与否的情感因素。

这就是大多数公司的行为模式——预算跟着产品走。产品好比磁铁,吸附一切资源与关注。很少有B2B的首席营销官拥有安排覆盖产品线的营销开支的自由,而唯有这样的自由才能让他们有机会着眼于高屋建瓴的品牌战略。与此相反,他们的注意力被放在了找寻产品独特卖点上,并加以渲染。对于这类公司,讲述产品总是比描绘客户简单。产品像磁铁一般成为中心。很多早已意识到讲述产品和吸引客户之间要取得平衡的公司虽然已尝试改变以产品为中心的观念,但如果CEO只关注这个季度卖出了多少打印机、赚了多少钱,所有人的注意力将不得不放在产品上。

甚至连SaaS公司也是这样运作的。出于对专注客户的经营理念的认可,SaaS公司依据客户的需求来设计软件的升级。但问题是他们没有真正解决客户的痛点。如果你问消费者他们的需求是什么,答案不外乎更快、更便宜。他们还能想到别的吗?简单地满足客户需求永远不会使你成为行业翘楚,你的职责是提出远见卓识以及成为行业翘楚。

要敬畏客户但不要唯客户是从,也不要混淆客户需求和优秀的市场营销二者之间的关系。如果你视B2B市场营销为产品流程——创造新概念、找到市场、生产、运输并最终销往市场——客户将成为最后考虑的对象。相反，如果问你自己，"我们有这么多优质客户，应该为他们做些什么？什么能激励他们？我们如何变得不可替代？什么样的公司是他们无论如何也不能拒绝的？"这将是革命性的改变。你将能解决他们自己都未曾意识到的问题。你的目标是做一位导师，而非销售员。学会通过产品与服务体现对客户的洞察，你将变得不可替代。

4.2 使命感营销

品牌营销很容易让人联想到花哨的形式，贫乏的内容。当然有这个可能，但人们被品牌吸引则是因为更深层的因素，而非诱人的广告。那些能与客户产生共鸣的品牌不是因为做了什么，而是出于"为什么"而做。这类公司有使命感，有一种超越追求金钱、卖更多产品和成为第一的源动力。正如西蒙·斯尼克所说，"利润不是使命，它仅是成果"。成功的营销者们懂得创造与讲述能和客户产生共鸣的价值观。

使命感是现在的流行词，因此很多公司生硬地把使命融入自己的经营。然而只有少量的公司真正拥有使命感。使命感意味着公司的目标是为客户的生活创造更有意义以及积极的改变,而不是单纯地销售。例如,打印机生产商的使命是什么?是通过视觉交流让人们走到一起,是想办法让文字和图片变得真实和永恒,还是让小企业繁荣兴旺?这类比较深刻的问题在财务总监看来可能无关痛痒又莫名其妙,但它们对客户来说却很重要。

建立理论上的使命感已经相当困难,但更难的是把它落实到实践,这是头脑风暴和漂亮的幻灯片遭遇滑铁卢的关键原因。企业以更高的标准要求自己会带来额外的开销、经营的挑战和更多的工作压力。它可能需要替换供货商,或者提高员工的薪资。当季报递到CEO面前时,他可能会怀疑这么多努力是否值得。培养使命感并有所行动是对领导力的挑战,而不是对市场营销部门的。市场营销部门的作用是成为使命感的拥趸者,点燃员工对使命的自发热情。但除非整个公司都上下一心地希望变革,否则这样的努力将最终成为对CMO的指责。你如果不希望新的使命宣言只出现在幻灯片上,那么领导层必须行动起来。

当然,这不会很简单。过去10年,我们参与的超过50个与使命感有关的项目使我们明白,CEO和领导层对使命的决心是一切的基础。许多B2B品牌成功构建了由产品研发与市场营销共同形成的使命。点对点融资平台Funding Circle鼓舞了小型企业的信心；Kickstarter[①]为创新项目带来生命；SAP运用它的科技使世界更好地运转以及改善人们生活。正如微软的全球首席营销官乔安妮·吉赫利所说："如果你把出色的人放到一起，好事就会自己发生。"

公司需要从上到下地贯彻自身的使命，大多数公司对这样的挑战置之不理，因为这对B2C公司来说都是具有挑战性的，B2B公司更不愿冒失败的风险。大部分B2B公司的CEO根本不明白使命感的重要性。尽管如此，使命感是客户希望从品牌中看到的，他们会因此感到更多信任、更多亲密以及更乐于与你打交道。当然，没有使命感的公司也不一定不成功，但你必须对缺乏使命感有一个充足的理由。

4.3 一个人性化品牌

品牌是展现公司人性化的终极方式。组成品牌的元素有文化、故事、历史、物件、体验、语言、言语方式、外在形态以

---

① 美国一家创意专案募资网络平台。——译者注

及最终目的,客户通过各种交互点感受这一切。而这些交互点往往都是由人来完成的,不论是工程师或者电话接线员。从这个角度讲,决定品牌的是那些交互点的完成质量,以及客户对产品的直观体验。品牌不是由市场营销部门制造的,而是如杰夫·贝索斯(Jeff Bezos)[1]所说:"它是客户如何在背后看待你。"

我们每个人都对归属感有需求。同样,我们认可某个品牌,因为这能带来好的感受。我们认可这些品牌带来的体验与价值,而非视他们为随机购买的对象,并且产品仅是体验与价值中的一部分。我们需要人性化的品牌,品牌的主要作用正是为公司带来人性化。

另一个看待品牌的角度是为销售团队创造良好的生态环境。就像植物不能在贫瘠的环境中生长,销售也很难在品牌力营养缺失的前提下成长。市场营销的目的是创造这样一个环境:销售人员对潜在客户的挖掘项目一旦开始,就不需再花费过多力气说服消费者们购买。从另一个角度来看:零售商十分明白购物环境扮演的角色。我们都有过受商店的设计、灯光、音乐与广告影响而购物的体验。所以购物时的外在环境是很重

---

[1] 美国亚马逊集团创始人。——译者注

要的，它是产品的一部分。

你准备为客户创造什么样的环境——不论是在概念、数字或者情感方面——来促使他们愿意为你支付更高的价格？品牌的最重要作用就是为你争取更高售价，以及把你从竞争中区分出来。下面这三家公司都能够生产与竞品同样的产品，但一家比一家售价更高：苹果电脑的售价是其他品牌的两倍；耐克的售价是非名牌产品的四倍；劳力士的售价则比天美时高数十倍。也许这些高价产品的确有它值得称道的功能优势，但这不足以支撑高昂的售价。一切只能归因于这些品牌成功地让消费者感受到自我价值。

对于B2B品牌，这没有任何不同——我们重申一遍，没有任何不同。如果你记得宾奈特与费尔德的建议是将46%的预算投入品牌建设（情感导向），54%的预算投入潜在客户挖掘（功能导向），那么你就会明白在强有力的人性化品牌缺失的情况下，你无法将增长潜力最大化。因为你缺少了重要一环。当然，我们不是鼓励你放弃挖掘潜在客户或者宣传产品功能，我们的意思是B2B市场营销亟须重新平衡。当前，这个比例是95%的预算在功能与潜在客户挖掘上，而留给品牌和情感的预算只有5%。理想的情况是如同鸟的双翅一般，两者间有平衡。遗憾的是，B2B公司已经习惯了产品思维。想要振翅高飞则需要一场变革。

难点在于，没有人会阻止你继续循规蹈矩。你大可以靠继续研究数据寻找客户需求，你也可以不做创造性的改变来预测他们的渴望。如果你决定采用研究数据的方式，你将节省说服CEO创造一个人性化品牌带来的吸引力远大于拉动一个个"摇杆"的口舌。数据能帮你在拉"摇杆"的时候比较省力，不过如果缺乏品牌这个"总摇杆"起到的主力作用，你只能奔波于一个接一个的市场"摇杆"，这将成为你工作的全部内容。不过这绝不是最高效、最令人享受的营销方式。

4.4 人类语言

我们渴望B2B公司使用更直截了当的方式互动；我们不希望被数据、图表、行业术语遮蔽双眼（况且它们使我们感到乏味），但这正是大多数B2B营销者采用的方式。科技与金融行业更是登峰造极，以至于有时候很难明白他们说的到底是什么。这些行业的从业者大概希望展现自己的专业性，不过这使他们忘了使用清晰易懂的语言。也许这让他们看起来更权威，不过也更拒人于千里。人们对此已然厌烦。所以如果你想成为更有人情味的营销者,你需要开始注意你的语言。

行业术语和专业名词会破坏信任。因为品牌和消费者之间有信息鸿沟。如果你的品牌邮件和社交媒体信息充斥着毫无意义的名词和空洞的语言,你将被视为一家令人厌烦的销售公司。这样的宣传非常干涩乏味,缺乏人性与个性。有谁会希望与之互动呢?你的公司好比那位在晚宴上没人愿意靠近的人,因为他往往对输出自我观点更感兴趣,而不是与别人互动。

语言还体现出你对客户痛点的态度。多数商业宣传充斥着宽泛的语言,例如"解决方案"这样的词语就没有解决任何实际问题。语言的感性智慧是必不可少的,因为它展现的是你对客户痛点的了解。富有同理心和人性化的语言永远比有距离感的词汇更得人心。

为方便理解,请参考下面这个例子。假设你是一家另类金融融资公司的营销官,你们公司的网站上写着:"我们是英国领先的另类金融融资公司。从第一次研发自动化的全流程点对点市场平台开始,我们已经在金融科技领域积累了8年历史。我们的贷款审批系统是整个市场中最快的。如果您想获得一笔快速商业贷款,请选择我们。"这正是我们所说的产品语言——标准、固定。

或者,你们的网站可以这样写:"去年,我们帮助了弗兰克

第4章 人心换人心

(Frank)以及另外40万夜不能寐、担忧公司生存状况的小企业主解了燃眉之急。杰基(Jackie)——我们最乐于助人的员工,毫不犹豫地在48小时内帮助弗兰克获批了一笔关键贷款,使他的公司起死回生。现在他看起来就像赢得了百万彩票一般神采奕奕,虽然我们的贷款数额要比这小得多。解决那些不眠之夜的最简单方法就是给杰基打一个电话。"这是情感的语言,它更具穿透力。因为它的目标是活生生的人,而非机器。买家们希望从你讲述的故事中看到自己,这意味着你要想办法表现出对他们的洞察。如果客户不能从中直接联想到自己,你的市场营销努力将是徒劳,因为故事的主角不是他们。

尽管如此,还是有少数B2B品牌能够成功地运用语言实现差异化竞争。作为行业首选品牌,电子邮件营销平台Mailchimp[①]提供了一个绝佳案例:它的平台与信息对产品的着墨更少,而对品牌的个性渲染更多。黑猩猩扮演了一个有力的角色,它使这家公司更容易让人产生好感并感到印象深刻。这个案例体现了B2B品牌对消费者市场营销策略的成功运用。

如果你仍然受到"人性化语言"的表述方式的困扰,请记

---

① Mailchimp由两个英文单词组成,Mail的意思是邮件,chimp的意思是黑猩猩。——译者注

住，这不意味着要使用简单的语言。你完全可以在其中注入趣味和个性，使你的品牌更招人喜爱。B2B市场营销者们犯的错误在于他们宁愿使用干涩、有距离感的语言，也不愿冒直击要害或者诙谐幽默的表达风险，所以他们很难采取新的方式。最终结果是让没有什么效用的营销内容看起来有一种老套的定制感。而与之对应的是那种能抓人注意力的有效沟通，这才是你需要的。

4.5 市场营销的角色

在近期一份名为"当代市场营销概论"的报告中，IBM对横跨B2C和B2B领域的首席营销官角色做出了诠释。报告肯定了企业从由产品主导变革到由人性化体验主导的经营模式："首席营销官需要战略性地通过提升价值、为消费者创造卓越的个性化体验以及孕育真正以消费者为中心的文化来帮助企业竞争。"

这不是一件简单的任务。在面对变革带来的挑战时，按照IBM的描述，首席营销官可以被分为三大类：再发明者，实践者和进取者。后两者可以概括那些自认为变革有困难的人，而再发明者是我们认为最有借鉴意义的类型。IBM提到，最出色的首席营销官都乐于做试验，因为这有可能让他们在销售与利润上获得优势，并有利于创新。他们所在的企业也能上下团结一致，企业IT战略与商业战略同频，商业流程与总体战略共轨。这类企业拥有顺畅的经营流程，并认为永恒的变化对于打造成功的组织必不可少。遗憾的是，报告指出，这样的企业在B2B世界中极少，因此没有人会对此寄予厚望。

这让我们感到忧虑。B2B对销售增长富有雄心，但对市场营销却没有什么想法。这两者之间没有形成合力。除了在非典型时期，例如经济衰退和最近的新冠肺炎疫情期间，否则管理层不可能做出任何限制增长预期的决策，但管理层依旧害怕市场营销的渐进式增长变为一场革命性变革。这当然让人惋惜，因为B2B领域人才辈出，如果让品牌建设成为关键战略，他们将大有作为。

传统上，B2B的营销团队为销售团队服务。销售主导一切，营销的主要作用是提供潜在客户、建议报价以及设计宣传海报。遗憾的是，虽然营销部门是应该直接接触客户的部门，但唯一能固定接触客户的却是销售人员，营销人员已经默认了这种现象。我们很少听说首席营销官们会每周拜访客户，或者了解客户的习惯、问题和挑战，但这些都是营销人员需要做的事。在目前阶段，销售总监与CEO在同一频道，因为销售能带来销量。但在不久的将来，市场营销也能成为销量的来源。它会成为CEO的好友和销量增长的动力。在当今这个流动着数据与信息的新时代，市场营销将比以往更智能。如果你能利用科技和各类新型工具尽可能接近客户，你将成为客户的最佳伙伴。

但公正地说，B2B天生比B2C更复杂一些。销售周期更长、产品更繁杂，以及公司之间的兼并造成的产品与文化的融合问题都让B2B变得没那么简单。再加上行业内大量的技术员与科学家、多重的销售渠道，B2B需要管理的问题难以计数。一些由B2C转行而来的B2B营销者的确发现新环境对他们提出了很高挑战。如果你像他们中的大多数一样，认为应对挑战的方式是更深入地学习产品知识，并且不甘居于那些更了解产品技术的销售人员与工程师之后，那请你停止这种做法。因为你充满智慧的创造力才是最大的优势。公司里最不了解产品的人，才最适合做产品的市场营销，因为他们与客户的相似度最高。你要把事情简单化，并且要学会向产品工程师提问。市场营销是产品与客户的桥梁，而你正是它的守卫者。

4.6 我们被创造的方式

我们的大脑倾向于做出快速决策,以避免处理过多信息。这对B2B和B2C的客户来说都是一样的。把精力花费在理解和传递复杂的产品技术信息上将会事倍功半。你最好采用更人性化的方式讲述产品优势。客户不是因为你繁复的宣传而偏爱你,而是因为你抓住了他们的情感。

你会在下一章学到更多关于大脑运作方式的内容。但现在,我们需要准确无误地陈述这个观点:人们在做购买决策时先依据情感,后补充事实。我们几乎从不使用纯逻辑分析的方式做购买决策。哈佛大学教授杰拉德·扎特曼(Gerald Zaltman)认为95%的购买决策是由潜意识控制的。为什么?因为这样更简单。在我们犹豫是否购买某物时,真正起作用的是我们没有意识到的潜在主张。很多研究都证明了这个观点,例如,脑神经学家发现,如果大脑控制情感的区域受损,那么人将无法做出任何决策。人受情感驱使,这意味着营销者们需要讲述产品能带来的情感性益处,而非功能性益处。试想B2C品牌是如何营销自己的:奢侈品针对自我价值展现,手机旨在社交,运动产品基于冒险与成就。这样的营销方式是对扎特曼"卖煎牛排的嗞嗞声,不要卖牛排本身"这句格言的最佳呈现。

另一个思考的角度是通过理解我们大脑的两种工作方式。丹尼尔·卡尼曼（Daniel Kahneman）在他的著名作品《思考，快与慢》中总结了他十多年的研究成果。他的主要思想是人类的思考方式可分为两种模式："第一模式"是快速、直觉与情感性的；"第二模式"是慢速、慎重与逻辑性的。试想有多少B2B市场营销只针对第二模式——数据与图表，速率与内容，又剩下多少针对第一模式？想象一下如果你能把对产品的侧重转换到对人上，销售数据会如何变化？你将解锁95%的购买决策因素。

4.7 你上一次牛刀小试是什么时候？

人性化营销最让人兴奋的一点，是营销者可以展现他们与生俱来的创造力。尽管你可能认为你的产品乏善可陈、平平无奇，但是不妨看看维珍铁路[①]是怎么做的。他们绝妙的广告比其他铁路公司耀眼得多，维珍铁路的广告充满幽默、引人入胜

[①] 英国一家铁路运营公司。——译者注

第4章 人心换人心

又独具人情味。它的创造力能让人产生对乘坐火车的期待，或者渴望尝试某件从未做过的事。这就是营销的力量：颠覆客户对品牌的认知，并引发飞跃性变化。

且不论其他方面，创造力是使品牌产生差异化优势的变量因素。怎样利用它讲好你的故事以让品牌脱颖而出？这也正是为什么苹果和Salesforce能够领先他们的竞争对手。有讽刺意味的是，所有B2B营销者都拥有几乎同样的资源——同样的市场营销机构，以及同样的分析工具。但只有那些富有远见和创造力的营销者才充分利用了这些资源进而形成了他们的营销优势，因为他们选择着眼于人与情感。他们用品牌故事替代了产品磁铁。

创造力还能改变你的事业。如我们在IBM的报告中提到，"再发明者"们是那些能够产生新系统与想法的首席营销官。他们创造的客户体验直击客户内心，他们真正做到了以客户为中心，并传达出了同理心。正如报告中提到的，"与专注于营销产品相反，他们对消费者的潜在需求提出疑问，并加以解决。"注意这里面的"潜在"二字，营销官们没有寄希望于消费者会告诉他们需求，而是主动地去寻找满足客户潜意识的产品与服务。这是激发创造力与想象力的真正力量。

遗憾的是B2B尚未改变，尽管改变本身已经如此迫切。我们相信你花了大量时间谈改变与创新，从产品研发到技术改良，你注视着公司的里里外外。但为什么不考虑改变市场营销？让我们放下约定俗成的老路子，尝试一下能够提高增长、挑战产品中心论与变革销售表现的新方法吧。让我们把B2B领入以人为本的世界。

本章总结

- B2B决策者也是人，正如你我，所以要用以人为本的方式对待他们。

- 客户是商业活动的中心，而非产品。

- 建立全局性的人性化使命感，并讲述它。这决定人们是否买你的产品。

- 品牌是人性化与使命的传递介质。

- 靠近客户的应该是市场营销，而非销售。

- 创造力决定增长是渐进式递增，或是突破式增长。

第5章
我们的思考方式

我曾接到一位好友在惊慌之中打来的电话。他刚看完医生。严厉的医生要求他健康饮食、戒烟以及开始运动，否则他总有一天会住进ICU。而我朋友的应对方式？他直接去肯德基寻求安慰般吃了一盒炸鸡和薯条。

我们遇事往往不会采用理性的方式应对。我们的思考、感受与行为之间常常没有必然联系，经不起仔细推敲与实证。不仅如此，很多时候我们甚至不会意识到自己缺乏逻辑，受直觉的支配。工作的时候也是一样，我们不会陡然成为理性的化身，让决策基于理智的功能性考量。我们不会拒绝本能中的灵光乍现、情感与直觉的部分。它们直接影响了我们的交友、恋爱以及是否对某人忠诚。能想象你说出"我愿意为同事彼得做任何事，因为他是如此地理智，他是一位真正的逻辑思想家"吗？当然不会。你更有可能说的是，"我愿意为彼得做任何事，他是个风趣，又在关键时候从不让我失望的人。"

既然我们的本质是情感动物，为什么B2B市场营销花费如此多时间来讨好大脑掌控事实、数据、逻辑与谨慎的部分？表面看起来这样做可能有一些道理，毕竟，你的客户是睿智的买家与老练的商人，他们的决策需要因果支撑。但是最近几年我们观察到片面强调理性思维对品牌价值与销售的长期提升带来了巨大损害。而这样偏执的思维本身就无理性可言。

另一事实证明，人们为情感买单但又以逻辑做支撑。这并非只是我们的观点，它有多年的科学研究证据做支撑，并且它对B2B市场营销完全适用，亦如它对于B2C一般。正如我们在上一章提到的，早期的B2B不但会在营销中运用情感化的沟通，还高薪聘请销售人员花费数年时间培养客户关系。除了其对情感重要性的天然领悟，别的因素不能解释为何B2B曾经如此。当下，情感从营销中失踪。市场营销能做的只剩下通过白皮书、图表与投资回报率来应付理性的部分。逻辑成为唯一幸存者。难怪B2B市场营销的一些环节被称为"从乏味到枯燥"。

我们可以把情感大致归于神经科学与行为科学。神经科学研究大脑的运行方式，具体来说，它致力于弄清各种化学物质如何在体内的传输，以及它们对思维的影响。行为科学研究我们在特定情况下的思考、感受与行为，以及它们对决策过程的影响。很显然，这两个领域相辅相成。我们希望你对它们有所了解，但更重要的是，要明白为什么这些研究与B2B市场营销有深刻的关联。

我们不会花太多时间谈论背后的原因，因为你已经是这方面的专家了,并且我们假设你会在实践中融入它。但我们会探索,你为什么需要有针对性地应对人类本性中非理性与直觉的部分——如果你的目标是说服潜在买家。尝试理解本章中的内容,你将会发现很多全新的思维方式,它们能让市场营销真正成为企业发展的源动力。

第5章 我们的思考方式

5.1 身体内的化合物

神经科学是对神经系统的研究，它揭示我们的身体如何感知外界。从我们的祖先开始，大脑中就存在了一条让我们在需求得到满足时，产生令人愉悦的化合物的运行法则。它也会在受到威胁，或者需求未能得到满足时产生令人不悦的化合物，以使我们警惕。这些化合物刺激着感受，正是这些感受如导航器一般让我们趋利避害。

要注意的是，引导我们的不是思维，而是感受。我们明白我们在思考，是因为能感受思考本身。你如果不信，试一下这个实验：我们要你立即产生愤怒的情感，你会怎么做？试一下。（你可以跳到本章最后看看我们的预测。）

在市场营销中，我们主要关注令人愉悦的化合物，因为它能促进信任、带来温暖以及购买冲动。这些化合物是多巴胺、催产素、血清素和内啡肽。此外，我们也会提到皮质醇——一种主要的负面情绪激素。你需要在市场营销中避免它。

多巴胺

这是创造"良好感觉"的一种激素。它带来等待奖励到来时的兴奋感冲击。在人类刀耕火种的年代,多巴胺就会激发情绪,从而使我们的祖先能够在靠近猎物时保持兴奋。一旦体会过这种情感,我们就会对其产生依赖并设法重复体验。这也是我们现在会不停地查看邮件和社交媒体的原因。这种温和的兴奋感使我们上瘾,并希望从朋友不断发来的社交信息中得到重复。

应用到市场营销中,你要思考信息能否为你的客群带来一种如期待奖励一般的情绪。使用那些经过实践检验的方式,例如特价优惠与限时折扣是不错的思路,但同样能起作用的还有想办法让客户感到被认可与被感激。这样的情感更持久。

催产素

这是一种由脑垂体后叶产生的激素,而脑垂体是一个仅有豌豆大小的脑内结构。催产素被看作是"甜蜜"或"亲昵"激素,因为在我们依偎在亲人身边,或者亲近好友时脑垂体会产生这种激素。我们对社交群体的认同性也与它有关。在一项研究中,人们发现荷兰学生在接收一定剂量的催产素后,对拥有荷兰名字的虚构人物表现出更多亲切感,而对其他国家的名字表现出抵触。这是讲得通的，因为在我们远古的记忆里，离开社会或家庭意味着严重的危机。催产素让我们对某个群体产生信任并选择靠近它。

研究证明了故事讲述与催产素产生之间的强大关联。实际上，人们在对故事产生同理心时，体内的催产素会比平时高47%。这使得我们能够与故事里的角色建立情感，即使他们是虚构的。你可以看出这种激素在帮助建立品牌与潜在客户之间的纽带的重要作用，特别是人们在催产素激素水平高的情况下更容易向陌生人掏腰包。

血清素

这是一种让我们感到自我地位、在拥有社交优势时感到泰然自若的激素。出于天然的社会性属性，我们逐步产生竞争有限自然资源的意识。血清素的产生是对我们竞争"胜利"的奖励。身体会立即将这种激素吸收，意味着我们必须要不断地通过自我肯定来产生自信。回忆我们过去的成就和高光时刻能提升血清素，即使假笑也能提高它的浓度。

有趣的是，90%的血清素存在于肠道中，这也是为什么我们说对于某事有"直观感觉（gut feeling）[①]"。它也与我们

---

① gut在英文中有肠道的意思。——译者注

对星期一的糟糕感受有关，因为周末的过量饮食干扰了血清素的平衡。从市场营销的角度看，你需要思考如何使客户在他们的同僚面前感到自信，这样客户也会对你产生好感。

内啡肽

如果你在运动后感觉亢奋，那是因为内啡肽在起作用。它为长跑运动员带来力量，也让力竭和受伤的动物能够逃命。幽默与大笑能制造内啡肽，这也是为什么我们在分享笑话与观看喜剧时会感到活力与兴奋。这时，我们感到放松并愿意掏钱。所以你需要考虑如何在市场营销中运用幽默与风趣元素。

皮质醇

它是我们的急救激素，由疼痛和对疼痛的预期触发。这种疼痛可以是生理上的，例如饥饿与伤病；也可以是心理上的，例如社交孤立与被否定。皮质醇的释放带来一种令人不悦的感觉，促使我们停止手头的事，并把注意力放到能带来愉悦的事上。毋庸置疑，对客户进行充斥着过量细节、内容和图表的营销轰炸会让他们避之不及，只能让他们选择无视。"立刻行动！不要错过！"这样的表述也有同样问题。以错误的方式沟通，客户会选择远离你。

5.2 行为的科学

当然，我们对激素作用于大脑与身体的细节还不够了解——它们的释放与传输毫不引人注意，并且我们也无法控制它们。但确认无误的是，它们左右着我们的思考与感受。谈到思考，科学证明我们思考时用到的是大脑中的两套独立系统。

我们之前介绍了丹尼尔·卡尼曼的著作《思考，快与慢》，以及他对控制思考的两套模式的研究：第一模式（倾向迅速、直觉和情感）与第二模式（倾向缓慢、慎重和逻辑）。第一模式带来的快速反应在处理危机时非常有用，也帮助避免在处理重复性工作时对大脑的不必要的过度使用，因为它会关联之前的经验找到最简单路径。第一模式运用大量的刻板印象与潜意识倾向，来协助我们得出结论。实际上，第一模式本身就属潜意识。第二模式让我们的思考更广阔与理性，也更能够解决问题与解读数据。这比第一模式难，因为它的过程是自主的、受控的。

总体来说，这两套模式代表的是形成思考的两种不同方式。它们各自有鲜明特征。第一模式是联想型，它借由故事来讲述事件（劣势是会太快得出结论）。第二模式是审视型，它要求对抽象的概念与棘手的问题进行分析（劣势是时间与精力成本消耗）。下面这道难题会有助于说明我们的意思。一根球棍与一个棒球的总价为1.1英镑，球棍比棒球贵1英镑，棒球的价格是多少？如果你的答案是0.1英镑，那么你就错了。正确答案是0.05英镑。如果棒球的价格是0.1英镑，球棍的价格比棒球贵1英镑，那么球棍的价格是1.1英镑，而总价是1.2英镑。正确答案为棒球价格是0.05英镑，球棍价格是1.05英镑，则总价为1.1英镑。答错这道题的人很多，为什么这道看似简单的数学问题很困难？这是因为我们习惯于通过无意识的联想，把处理问题的过程简单化。在这道题中，大多数人把"比棒球贵"看作绝对表述，错误地感觉这个条件能使其中的数学问题更简单。想想你下次把许多内容拼凑到一起说服客户时会怎样？他们的结论将基于自我的无意识联想，而非任何你为他们打造的逻辑。

让我们想想这两种模式对认识事物带来的启示。尽管我们认为第二模式占主导地位并且洞察一切（所有人都是这样想，包括你），而真实的情况是第一模式对我们的行为做出指引，就算我们没有意识到它在起作用。摩西往诺亚方舟上分别装了多少只各个物种的动物？当然，答案是零只。因为装动物的是诺亚，而不是摩西。但由于太多人弄错了这点，以至于这被戏称作"摩西错觉"。仅因为摩西也是一名圣经人物，我们下意识

第5章 我们的思考方式

地把他与方舟联系到一起,这是先入为主的典型例子。我们只用一条线索就做出整套环环相扣的推测,而它不一定是准确的。

先入为主是认知偏见的一种体现。你一定听说过认知偏见对招聘的影响,它带来思维捷径与逻辑思考的盲区,并导致非理性的决策。认知偏见对市场营销也有特殊含义。让我们看看12种由实用心理学归纳的常见偏见,以及它们与日常生活的联系。

- 锚定效应——我们牢牢坚信获得的第一条信息,而不论它是否可靠。例如,我们基于最初报价谈判价格,而非推倒重来。

- 可得性偏见——我们过度重视已知信息的重要性,而不够重视未知信息。例如,我们担忧新闻报道上的事件,而忽视每天生活中的危险。

- 从众效应——我们相信某事是因为别人也这样想。当然,人们不愿意承认,不过事实的确如此。想想我们由于市场大跌而抛售的股票,以及在会议上由于与他人分歧而改变的观点。

- 选择支持偏误——我们捍卫决策的方式是着眼于益处,而非弊端。例如,我们通过注意到燃油经济性来说服自己买一辆新车。

- 证实偏差——我们更加关注那些能够证实我们已有观念的信息。例如，我们对支持的观点看法更正面。这是最普遍的认知偏见之一。

- 鸵鸟心态——一种逃避现实的心理，自欺欺人，拖延决策，回避问题。例如，我们忽略香烟包装上的有害健康标识，拖延改变坏习惯。

- 结果偏见——我们基于最终结果考量决策，忽略其他已经出现的因素。例如，如果靠直觉做出的决定带来了好结果，我们会认为未来所有的决定都应该用同样的方式，而忽略完全有可能是运气或者其他因素带来了成功。

- 过度自信偏见——我们的决策基于观念，而非事实。例如，我们不假思索地买下包装高档的食品，而不看它的成分表。

- 安慰剂效应——我们认为某事有效，它就会有效。在医学领域，接受糖丸作为安慰剂的病人往往感到病情得到了缓解。

- 幸存者偏差——我们对事物的判断是基于幸存下来的信息。例如，假设那些成功的商人都有相似的秘诀，如果我们掌握了秘诀，就会变得一样成功。

- 选择性知觉——我们之所以会注意到事物，是因为选择性的观测。例如,在考虑买一台新电脑时突然留意到日常中的电脑广告。

- 偏见盲点——你有多少偏见?如果我们问你这个问题,你大概会说:"比一般人要少"。仔细想一想你是不是这样。

你是否感到纷乱?没错——的确如此。人类不是讲逻辑的生物。实际上,我们被超出认知的欲望驱使,更不要谈对事物的领悟了。广告公司奥美(Ogilvy)的副主席罗里·萨瑟兰在他的《人性炼金术》(*Alchemy*)中提出一条绝妙的理论——人类运用感性而非理性做决策具有进化性的优势,在此基础上,我们利用理性来解释和捍卫做出的决策,并由此提升在社会团体中的地位。正如萨瑟兰所说:"在这个系统中,理性并非由大脑科学研究与创造的产物,它是大脑的法务与公共关系部门。"这条理论解释了上述包括证实偏差在内的很多偏见。自我鼓吹的论断如果基于事实,那么它很有可能是正确的,不过购买决策中的感性与主观因素使情况变得复杂。

回到B2B市场营销,萨瑟兰指出理解第一模式对广告营销至关重要,因为我们初次面对新的事物时会立即产生直观印象。我们运用直觉,不加以仔细思考。而在第二模式中,认知会起作用。所以作为营销者,你需要懂得同时利用这两种模式。最危险的做法是策划出一个完全基于第二模式的营销方案，从而忽略第一模式。例如，存养老金的做法是理性的，我们知道每个人都应该这样做，但简单地提供税收优待来鼓励加入养老金系统的方式并不迎合第一模式。英国政府已在数年前实践过有效的做法——在开始一份新工作时默认被纳入养老金系统。这是对"懒惰"的第一模式的迎合，因为这样可以避免既复杂又烦琐的逻辑思考过程，只留下毫不费力的选项。

不幸的是，我们的自我欺骗使市场营销变得困难。人们不愿承认自身对动机的无知，尽管他们明白这完全有可能发生。因此，即使你创造出了一场能够打动客户潜意识渴望的绝妙营销，最有可能的情况是，CEO将愉快地把成功归结于正确的数据与恰到好处的营销开支，而不是你对客户心理的准确把握。萨瑟兰对此的解释是作为社会性动物，我们需要一定程度的自我妄想。想象一下如果我们失去自我欺骗的能力，生活会变得多么艰难？我们将永远感到愧疚，或者冒犯他人。"想和我出去走一走吗？我想知道你的收入潜力"这样的话听起来可不太对劲。这正是为什么研究不能告诉你人们的真正动机，因为人们也不一定了解自己。所以你应该着眼于人们的感受与行动，而不是听从他们的言语。

5.3 非理性的力量

我们在前文提到了罗里·萨瑟兰的著作《人性炼金术》，下面的内容直接衍生自他在书中展现的思想。《人性炼金术》讲述的是出其不意的创意的魔力，以及在多数市场营销和产品研发中（部分B2C同样适用）缺乏的非理性的力量。我们常常做没有逻辑的事，买"不必要"的东西。参考下列凸显人类离奇想法的产品成功案例：

- 由粗糙、令人难受的面料做成的难以干燥的、会褪色裤子（牛仔裤）
- 一种让人们在研发阶段首次尝试就讨厌的饮料（红牛功能饮料）
- 一杯外卖比在家自制要贵五倍的咖啡（星巴克）

尽管如此，大部分B2B市场营销仅针对大脑中二元化的逻辑部分，而逻辑要求每个细节都要能够拼凑在一起。我们需要理解促使人们购买的真正动机，而不是背后的理性原因。为什么一定要这样？因为我们要用萨瑟兰口中的"精妙的双筒望远镜"来观察市场营销。第一个视角代表市场调查，它假设人们明白自身的动机，并可以告知他人（前文提到的无意识偏见可对此证伪）；另一个视角代表经典经济学，尽管它有可取之处,但不足以解释人类全部行为。一个表现经典经济学的局限视角的例子是,有68%的美国人愿意花钱买两周的额外假期。其他国家的经验已经证明更多的假期非但不会降低生产力,反而会使之提升。但传统逻辑认为,生产力与工作时长成正比,这意味着假期增加带来产出降低。可见,经济学并没有把人的因素考虑在内。

以经济学视角主导的市场营销将要么引诱客户消费,要么"惩罚"客户的不作为。这不仅是昂贵的,而且也是缺乏想象力的。拥抱更深更广的思维方式,你将能在提出创造性想法的同时,发掘那些变革性的机会,甚至解决那些困扰他人多年的难题。当然,出于结果的不确定性,你的CEO与CFO厌恶试验性的创新。他们青睐于受逻辑支撑的渐进式增长,而非那些虽然有潜力,但难以计算短期回报的策略。

但是,理性不会为他们带来优势,因为讲逻辑是所有人都会的简单思考方式。你永远不会脱颖而出。也许有人会反对,但如果在市场营销中只运用逻辑,你最终也只能获得与别人差不多的成绩。说服公司的掌权者采用这种新的思维方式可能比较困难,但Crowdcube[①]的联合创始人兼CMO卢克·朗恩

---

① 英国一家股权众筹平台。——译者注

（Luke Lang）提出了一种温和的对话方式："现代B2B的品牌建设需要用商业语言，而非创意语言，你应该让CFO把品牌看作未来现金流，让CEO把品牌视为帮助企业抵御危机的护城河。"

5.4 这对B2B市场营销意味着什么？

现在应该明确的观点是，市场营销应该着眼于人们的感受，而非他们的思维（更非他们的自以为是）。人们明白设计家具时要考虑人体工学，但在策划市场营销方案时却完全忽略人类心理，现在是时候结束这样的愚蠢方式了。B2B市场营销几十年来都在犯同样的错误，因为大多数B2B品牌不懂得如何带入情感并使用人性化的方式营销。

这带来了数不清的麻烦，例如，我们在新冠肺炎疫情期间曾作为嘉宾参与过一项关于在营销中通过共情达成突破的讨论。我们提到，众多B2B品牌只拥有功能性的价值主张，它强调数据与内容的商业化理性信息。这样的形式不但在正常时期浇灭客户的热情，更在当前的特殊时期不起作用。某些意识到问题的企业开始往共情交流方向转向，但在缺乏前期情感铺垫的前提下，他们发现很难找到一种既能提高营销效果又不失真诚的方式。而那些前期投入过情感导向营销的企业，则能够挖掘出更多与客户的有机纽带。

情感导向营销意味着什么？它背后有值得深入领会的科学原理。很多研究表明，尽管我们看起来好像被各种数不清的情感包围，但它们可以被浓缩为四类：快乐、悲伤、恐惧与惊讶、愤怒与厌恶。现在，让我们分别了解每一类情感以及在营销中的作用。

- 快乐——我们对生命的第一次情感体验便是以微笑回应母亲的微笑。不止如此，快乐也是行动的催化剂。它是社交媒体分享的主要推手，譬如当快乐被传递时，我们会变得更快乐。如果你的市场营销能够让客户感到快乐，他们就更有可能从你这里购买产品。

- 悲伤——在悲伤时，我们比平时更能理解和同情他人。研究表明，我们会在感到悲伤时分泌皮质醇和催产素。它们是强有力的组合，从而促使我们做出有利他人的行动。我们会变得更加慷慨和值得信赖。这解释了为什么广告乐于展现婴儿和儿童，因为我们的大脑会释放催产素，并产生信任和购买欲望。

- 恐惧与惊讶——它提供一种在绝望时抓住救命稻草一般

第5章 我们的思考方式

的安全感。它还能使我们与品牌产生更强纽带，因为在恐惧时，我们会迫不及待地希望有人一起分担这种情感（如果没有真正的人，品牌就是替代品）。因此，恐惧能够刺激人对品牌的依恋感。

- 愤怒与厌恶——愤怒会带来攻击性，但它同时也让我们更顽固。譬如我们都体验过心情不佳的时候对别人的劝慰置之不理。显而易见，愤怒与厌恶不会成为刺激人们消费欲望的助推剂……尽管有的银行和保险公司似乎忽略了这点。

这四类情感告诉我们创造品牌与客户之间的纽带很重要，并且你不可能通过特价与产品功能的比较得到它。在英国IPA数据库的一项研究中，那些含有纯粹情感内容的营销表现比只有逻辑内容的营销好约两倍（前者为31%，后者为16%），甚至也比同时拥有情感与逻辑内容的营销好不少。这是因为情感使我们生存了数千年，所以我们习惯于关注情感，而非逻辑，后者的历史要短不少。那么你准备如何达到情感与逻辑的平衡？本书接下来的内容将为你揭示，但现在你应该先考虑下面的因素。

第一是想办法展现出你的产品是一个大规模运动的一部分。苹果公司在这方面做得不错，它明白我们是社会生物，并且希望成为某个进步运动的一部分——提升尖端设计、科技与创意重要性的运动。乔布斯的那些吸引眼球的发布会让参与者们感到特殊与被重视。

第二是运用故事讲述与对话来占据客群的无意识情感。我们在前文提到，故事能刺激催产素分泌，并使你讲述的内容更容易记住、更有关联性。这种现象叫作神经耦合，它让听众把故事吸收为自己的思想与感受。在读到或者听到一个完美讲述的故事时，大脑中包括运动皮层、感觉皮层以及额叶皮层在内的很多区域会受到触动。这也是为什么好故事能让我们产生共鸣，并在带来极大触动的同时也持续良久。

第三是通过建立信任感来创造纽带。企业重视客户评价，并不失时机地在市场营销案例中展现它。这等同于说："相信我们，因为别人也相信我们。"这会使客户产生直觉反应，并更愿意购买，因为信任感已经初步建立。研究显示70%的消费者在购物前会参考客户评价，并且相比公司的自我宣传，消费者对客户评价更加信任。不过客户评价也需要经得起推敲。人们往往认为五星好评不够真实，而四星评价才最值得参考。这种现象被称作"瑕疵框架（Blemish Frame）"。

此外，你还应该思考如何利用好奇心。你作为市场营销者的目标是获取人们的注意力，保持它并使之关联上产品。要达

第5章 我们的思考方式

到这点,好奇与惊喜必不可少,因为人们喜好发掘未知与已知之间的联系——这种诱惑不可抗拒。Blendtec是一家高质量商家两用食物搅拌机的制造商,它的创始人汤姆·迪克森(Tom Dickson)极富魅力与娱乐人格。他曾有一个习惯:用他生产的搅拌机搅拌工作中的日常物品,譬如高尔夫球和手机。这样的做法惊人地取得了成功。他的公司甚至在视频分享网站创造了叫作"这能搅拌吗?"的频道,并在上面播放汤姆搅碎塑料软管、橡皮泥和冰球的视频。如果你看过他的视频,我们敢打赌你也一定想见见碎成粉末的魔方是什么样子。

上述与客户建立纽带的方式必不可少,因为这让他们体验到自然的正向交流,而非市场营销本身。我们其实非常渴望这样的纽带,并需要它使生活变得有趣。不论未来科技如何发展,潜意识将继续影响我们的多数决策。

萨瑟兰在他的著作《人性炼金术》中强调了品牌营销的最终目的——让客群看到企业对产品的重视程度。并把这个意义引申到如果产品不够好,企业没有道理投入这么多资源。他把品牌与客户之间的关系喻为蜜蜂与花朵的共生(两者都有足够古老的历史)。尽管在经济学家看来,花朵费尽心力地长出硕大多彩的花瓣无异于一种浪费和徒劳,但这样的花瓣向蜜蜂昭示它们值得造访。假如有一种造型奇特,但总是让蜜蜂失望而归的花朵，最终它将受到冷落，因为蜜蜂会认为它与其他花儿不同。从这个角度上看，"花就好比会打广告的杂草"，萨瑟兰补充道。

更重要的是，品牌的力量会在直白的营销话语之外带来更深入的影响。你也能通过更委婉的方式把品牌融入商业活动中，这个方式被称为"品牌肢体语言"。例如，谷歌有一个聚集了创业者的部门，它专门负责思考未来的谷歌将如何颠覆当前的业务。这看似如同自我毁灭的方式实际上对公司的运营非常有益。它告诉我们谷歌的志趣在于孕育下一轮科技创新与服务客户，而非保卫自己的现有地位。这样的展示极具力量。这种不显山不露水的交互方式组成了品牌的肢体语言——通过行动证明其对消费者和社会使命的承诺。它展现的是极具生命力的公司形象。

我们可以把它总结为人们更注重事物的意义而非事物本身，体味市场营销带来的情感体验，而非只注重它所宣传的产品。如同苹果与迪士尼，那些能够在营销中带来创意魔力的公司都取得了巨大成功。人类行为是复杂、混乱，又让人琢磨不透的。早日学会掌控它的深度与厚度，你的营销也将早日取得持续成效。

第5章　我们的思考方式

本章总结

- 大多数时候，我们先做基于无意识情感的决策，之后才用逻辑提供支撑。
- 影响感受的是体内穿梭的各种化合物，它们决定了人类行为。
- 我们倾向于快速、直觉性的思考方式，而非缓慢、逻辑性的思考方式，因为前者更简单。
- B2B市场营销需要符合人类大脑的运作方式——同时存在情感与逻辑，而非只关注逻辑。
- 唯有勇于拥抱人类天性中看似非理性的一面，B2B市场营销才能达成突破性增长。
- 你会在心中回想那些使你愤怒的情景，例如，来自上司的无端责备。你不可能在回想前就感到愤怒（你尝试过，但是失败了）。思维创造感受，而非感受创造思维。

第6章
变革B2B的五条法则

公司的生命源泉是它的员工与客户，而非产品。我们明白，客户在做决策的时候是非理性的。实际上，恰与此相反。购买行为在先，寻求事实支撑在后。人类本性中混乱、非理性的部分正是B2B市场营销拼图所缺少的。你需要把注意力从产品转向客户、员工以及任何与公司有联系的个体，才能恰当地填好这块拼图。作为市场营销基石的是这三方的意见、愿景、渴望与创意，而非产品数据与功能。当然，这并不是说产品功能营销可以被忽视，它只是没有你想象中的那么重要。

变革B2B的价值在于如果你能够建立一个人性化的品牌，你也同时打造了一家属于未来的公司。这样的公司对外部的客户和内部的文化都会带来益处。你将有机会成为业界领袖，提升收益以及公司的形象。你的公司将在这个过程中成为引导者，并为B2B带来新的内涵。

那么你如何才能达成上述目标呢？通过总结多年在帮助公司变革市场营销方式上的经验，我们形成了五条不会过时的变革法则，它们给冷冰冰的品牌带来温度。这几条法则是变革的基础，对它们的应用才能为市场营销带来真正的变革。具体而言，你需要理解：

第6章 变革B2B的五条法则

1.市场营销是关于人,而非产品。

2.有可执行的使命。

3.情感是营销的核心。

4.好感度即变革。

5.故事讲述是一种工具。

我们已经在前文中描述过上述一部分法则,接下来,你将会在后面两章学到更多关于故事讲述和好感度提升的技巧。要实践它们并不难,但你需要有人性化的思维。一旦你领悟了这样的思维,你将会形成完全不同的思考模式。

6.1 市场营销是关于人，而非产品

变革B2B市场营销中最重要的是把产品从营销重点转换为人。产品代表的不只是物理属性，它也包含背后的服务和方案——不论你是如何包装它们的；而人代表的不只是客户，也包括你的同事。

让我们从你的同事开始：销售团队、客户服务团队、技术人员、工程师和其他与客户互动的人员。他们是公司的第一线代表，这意味着人性化的思维不应只属于管理层，更应该属于每一位员工。每个人都需要在与客户互动时有使命感。

接下来是客户，洞察他们的需求是通向人性化品牌的第一步。你必须能够与他们产生共情与互动，而不要仅是懂得销售。实际上，B2B市场营销在这几年间最重要的改变是客户期待的深化，然而很多公司没能应对好这个变化。客户真正的需求已经变得难以琢磨，虽然他们对优质服务的期待未变，但是他们对品牌的预期却提高了。近年来，从苹果公司到亚马逊，那些机智的消费者品牌在与客户建立情感纽带的同时，还提供了出色的营销体验。B2B决策者们对这样的营销方式也表现

第6章 变革B2B的五条法则

出认可。不论是选择市场营销软件供应商,还是购买一件新外套,他们也把自己当作消费者。坦率地说,他们希望你用消费者品牌那样的能使人兴奋的方式引导他们。

另一个改变是,B2B一改往日的激进与目标导向,变得更加具有共情力。认识到这点的品牌更容易出类拔萃,因为它们明白商业辞令并不是增加销售的唯一渠道。我们认为B2B品牌目前还没有意识到基于商业行为的共情力在建立人与品牌纽带上的力量,而这样的力量产生感受,即使这样做的回报在短期可能不明显。

1963年,百事可乐为我们带来了一个由产品转换到人的标志性市场营销案例。当时可口可乐的销量几乎是百事可乐的六倍。产品本身不存在什么问题,百事在品牌方向性上的迷茫才是症结所在。可口可乐的独到之处在于它说服了美国大众这种罐装饮料代表的是美式生活方式从而得到广泛的接受。那么百事可乐应该如何应对?艾伦·坡达奇(Alan Pottasch)作为一位年轻的广告界领袖,受百事可乐之托开始了挑战有着同质产品的行业龙头的艰巨任务。为了成功,他做出了一个革命性的决策。艾伦所说的,"停止讲述产品,开始转而讲述用户"是对这个决策的最好总结。在当时,还没有任何大型品牌这样做过。百事可乐的想法是创造出新的一代人——他们不受消费主义大张旗鼓的大众传媒蛊惑（记住，这是在20世纪60年代），并被称作"百事可乐一代"。这样的市场营销刺激了人们的渴望，那就是通过购买百事可乐（带着讽刺意味）来逃离消费主义陷阱。能接受这种观念的人们在找寻一种新的思考与感受方式，而百事可乐正好给了他们这个机会。

百事可乐的成功不但让它从可口可乐手中夺下了大量市场份额，而且启发了其他品牌从产品到客户的思维转变。想想苹果公司是如何做到这点的，人们购买苹果产品不是因为产品本身——其他厂商同样提供类似的产品——而是出于使用苹果产品能带来更好的自我感受。即使是在50年前，百事可乐也已经做出了成功的尝试，B2B没有理由不采用同样的方式。这样的市场营销是关于感受，而非产品功能的，它与客户产生的纽带要比只宣传产品强得多。

从消费者的角度领悟要求、需要与需求的细微不同之处，有助于从底层逻辑上理解这样的变化。参考以下例子。

我需要新的数据库，因为现有的已经过时了。这是要求。

我需要新的数据库，因为现有的已经过时了，并且我想选购一家新的数据库。这是要求与需要。这位客户将会比较不同产品，并基于功能进行选择。

我需要新的数据库，因为现有的已经过时了。这家新的数据库很不错，我还不知道数据库有这样强大的功能——想想今后我能节省的时间和那些精美的报表，它们会在汇报的时候助我一臂之力。这同时是要求、需要与需求。如果你是这家数据库供应商，你已经赢得了这位客户。

目前，B2B能够顺利地解决客户要求方面的问题，甚至也能满足一部分需要，但还未能刺激客户的情感空间来产生需求。需求意味着你的产品能够帮助解决客户的潜在长期问题、代言他们的社会地位与个性（例如百事可乐的做法）、满足客户对产品的主观与潜意识期待。调查与咨询机构Gallup的研究显示，仅有29%的客户感到对他们所购品牌的完全认同，剩下的71%则有可能转投到竞争者公司。这是由于客户的功能性要求可能得到了解决，但他们的情感需求没有被满足。与客户产生交互是重中之重，因为在此方面做得最好的公司拥有比同行多72%的自发客户，这样的事实足以让你停下来思考市场营销接下来应该怎么做。

个性化是创造交互的手段之一。它代表与客户的一对一，或者一对少数的定制化营销内容，这是一种极具人性化的方式。虽然已有很多企业投入了用于大规模营销的自动化平台，但这样的标准化沟通方式对建立客户纽带益处有限。个性定制化的电子邮件比普通邮件有更高的点开率；客户细分的区别营销比不细分的营销带来更多收入。为把这一切转化为利润，目标客群营销在近几年备受推崇。它是基于这样一个理念：你越靠近客户与他们背后的利益相关方，你越能够把他们吸纳为小型的市场营销主体。这意味着你能够根据不同主体策划公司形象，从而售出更多产品。ITSMA[①]的2017年测评报告显示，87%的营销者认为目标客群营销带来了超越任何营销手段的高速投资回报增长。

  目标客群营销不仅能针对客户，它也应用于潜在客群。想象一下如果你是某家大型软件服务商的IT负责人，而你未来几年的注意力将主要集中在如何促进远程工作上。为了应对挑战，你将会通过阅读和消化网络信息来教育自己。假设有一家远程工作解决方案供应商希望与你以及你们公司的其他利益相关者建立联系，这家供应商应该怎么定位和发掘你的需求？他们会用Cyance和6Sense[②]这样的工具采集你的意图数据，它能够由你的行为得知搜索内容。它们能够确保你会在恰当的网页看到关于远程工作方案供应商的广告。

---

① 一家专注提供IT市场营销的平台。——译者注
② Cyance和6Sense是两家分别位于英国和美国的目标客户数据提供商。——译者注

GE医疗[1]为目标客群营销提供了一个绝佳案例。它采用精准定位的营销方案和自动行为追踪的方式，向超过100个国家的专业人士推销医疗器械。GE医疗明白大多数客户在见到销售人员之前就已经做好了购买什么产品的决定，所以在这之前市场营销就必须采取行动，用内容占据潜在客户的思维"上游"。与此同时，GE医疗还使用市场营销自动化软件来追踪潜在客群的网络行为，并利用此数据改良宣传内容。这样的软件甚至能够区分客群的工作种类，给营销者提供定制营销语言的便利。个性化的定制营销方式为GE医疗带来了13亿英镑的预期收入与3.9亿英镑的第一年实际收益。

我们对目标客群营销的赞扬是出于它对B2B的积极影响，其对客户需求的深刻掌握有助于建立纽带。但这不意味着它能够自动创造情感连接，你仍然需要主动使用以人为本的沟通方式，以及共情力与洞察力去做到这点。不过目标客群营销的确提供了一种通过靠近客户，描述其需求的方式变革了B2B。

要注意的是：以客户为中心不应该，也不等同于被客户主导。永远不要简单地相信客户能够讲述他们的需求，因为他们自身没有答案。首先，客户以为的需求不一定是他们的真正需

---

[1] GE医疗是美国通用电气集团旗下专注医疗健康的子公司。——译者注

要（我们已在前面的章节中提到过）；其次，由于科技的迅速进步，客户无法预测你最终能交付什么样的产品。除非有更切实的把握，否则很难确定真正的需求。所以你的工作就是展现各种可能性，并创造一种让客户迫不及待地想要加入的愿景。伟大的品牌以信念背书，而这样的信念会成为吸引人的磁石。

6.2 有可执行的使命

大多数成功的公司都拥有贯穿始终的全局使命感。实际上，德勤（Deloitte）的一项研究显示，拥有使命感的公司比竞争公司的创新力与人员留存率分别高30%与40%。报告中提到了联合利华的案例。包括多芬（Dove）、凡士林（Vaseline）和立顿（Lipton）在内，联合利华旗下的28家"可持续"子品牌为公司带来了75%的增长，并且在2018年，它们的增速比其他子品牌快69%。香皂、矿脂和茶叶是生活必需品，但使命感为它们带来差异化优势。同样的原理也应用于B2B品牌。不仅如此，艾德曼[①]（Edelman）的一项调查表

---

① 美国一家公共关系与市场营销顾问咨询公司。——译者注

明,在2019年,61%的高级管理层倾向于为有清晰愿景的B2B品牌付出更高价格。它表明了找寻使命感的重要性,遗憾的是,大部分B2B公司除了挂在董事会议室上的空洞宣言,别无他物。

使命感代表你渴望带来的改变,它是在创造利润之外公司存在的原因。当被清晰地传递和执行时,它将成为销售的助推剂。与使命感相关的还有以人为中心的市场营销,因为使命感可以在公司内部形成凝聚力,并帮助你传递超越产品本身的信息。例如,微软曾经的使命是"每家每户一台电脑"。而现在这个使命变为"赋能地球上每一个个体与组织"——这是更加人性化的使命宣言。某些公司有着更高的使命感,致力于解决全球性问题,而其他的公司则着眼于解决一个行业的问题。两者皆可,但你需要在它们中挖掘出清晰的关联。

但是,使命感本身不带来意义,你的行动与承诺才是定义品牌的根基。这也是为什么我们的第二条法则是"有可执行的使命",它强调对使命感的执行与创建使命感同样重要。对客户而言,不论是在电话服务中心还是线下的面谈,使命感应该是在各个交互环节真实可触的。经验告诉我们,多数B2B公司明白使命感的重要性,但问题在于它们不懂如何执行它。一篇名为"B2B使命感悖论"(The B2B Purpose Paradox)的研究报告提到，尽管86%的B2B公司认可使命感对提高增长至关重要，但它们尚未能够使其转化为对经营活动的正面影响。此外，仅有24%的公司成功地把使命感融入创新、运营以及社会责任中。

让使命感变得真实的起点是建立一个与之对应的愿景和承诺，它被称作使命、承诺、愿景架构（PMV架构）。使命是你期望带来的改变；承诺是你达成它的方式；愿景则是你的成功的意义。例如，这是我们的客户Crowdcube的使命宣言："助力那些希望改变世界的新一代的企业"，"创造一个大家喜爱的平等大众融资平台"则是它的承诺，它的愿景可以被描述为："建立一个由Crowdcube助资、充满让人惊叹的品牌的世界"。"助资精彩"是对这一切的最好总结。

承诺与愿景可以随境况而定，但你的使命感需要始终如一。使用PMV架构思考的好处是其能够帮助你得到更清晰的企业价值感。它能够促使领导层用一种更有共情力和更高收益的方式经营企业，并且把这样的理念融入文化当中。此外，一个强有力PMV架构为市场营销带来生命，联合你与共事者，以及——同样重要的——给客户不容拒绝的理由。

大多数B2B市场营销缺乏使命感，而那些开始改变的品牌能让人感到焕然一新。正如西蒙·斯尼克所说："你明白你在做什么,你的客户亦一样。你也可能明白如何做,并通过独到的方式为客户带来产品与服务。但你几乎不明白为什么而做(不,不是为了赚钱——赚钱只是结果),而问'为什么?'是唯一区分你与竞争者的方式。"换句话说,别人为什么要在乎你为何每天早起?我们知道你希望同事与客户在乎,并且出于这个原因买你的产品,而不是因为你的产品有着某项功能,你的功能可以被竞品迅速替代。但要让他人在乎,你需要首先行动,而拥有使命感是最有力的一步。

6.3 情感是营销的核心

高德纳公司[①](Gartner)的一项近期研究显示,大型企业应对复杂B2B采购的决策团队人员仅在18个月内就从平均5.4人增加到了10.6人。而背后的原因并不难懂,B2B买家同我们一样,更担心做出错误的决策。谁又能怪他们呢?如果你被要求做出重要的决定,你会倾向于那些不那么成功但是安全的决策。这样的情景即便对于动物也是一样,它们常常逐群而居。

---

① 美国一家咨询机构。——译者注

这是由数字带来的安全感——"除了我，其他九个人也都做了同样的决定，所以我们一定是对的。"

这对B2B市场营销带来的影响是，如果你的目的是进行一场复杂的销售，并且一个由十人组成的决策团队将决定是否采购你推荐的产品，你将最多只能与其中两三人直接对话。因为他们中的大部分会比你资深或者无法结识。他们会如何决策？什么因素会左右决定？我们可以明确告诉你的是，这将取决于你的网站形象和他人对你的评价，而非你的白皮书与内容介绍。决策团队会查看入围公司的网站，假如首先出现的两家网站仅有事实性的笼统内容，而第三家网站与客户建立情感连接并传递公司内核，那么这一家公司将会胜出。决策团队将会尽量使用简便的办法与第一思维模式做出最迅速的决策，即使他们告诫自己要客观与理性。

重点在于，从情感角度上讲，品牌的展现方式非常重要。因为过多的决策者意味着更少的营销过程把控。你的产品必须能够通过品牌发声。整个决策团队不会基于冗杂的事实性信息做决定，反而是与你有直接接触的两三个人将起决定性作用。它带来的结果是一份反复修订长达两年的销售决策可以因为某位决策者对你的网站的第一印象而扭转。"我不喜欢他们，看起来不太对劲。"或者，"他们看起来不错，让我们尝试一下。"成功与否，转机往往就在一念之间。

尽管不是所有购买决策都如此复杂，但不论决策者人数多寡，当今的客户有着比以往更多的信息渠道。他们必须过滤像大山一般的、看似高质量的数据，想办法进行优选，以及考虑各来源数据是否合理。高德纳公司的另一项研究显示，他们自身需要使用占购买周期15%的时间进行信息复盘与排误。在这样的压力与困难下，不难想象他们会对那些能够以直接、可靠和舒适的方式做出回应的公司产生好感。换句话说，这样的品牌带来了好感。

在品牌建设中融入情感不仅代表使用有趣的图片和故事点缀你的网站，它还代表着为你的所言所为注入情感。你需要了解客群，并在他们尚未发觉前运用能够产生共情的语言和创意吸引他们的注意力。最重要的是，要持续地利用你对客户与使命感的洞察，通过人性化的方式提供价值。这不是关于你或者产品，而是关于客户与你建立的纽带。

这正是我们在帮助点对点借贷公司Funding Circle改变其相对落后的市场定位时所使用的策略。因为在一般情况下，借贷者会先尝试银行贷款，最后才考虑Funding Circle这类另类借贷平台（这意味着它的客户曾经被银行拒绝）。所以这家公司亟须证明它也能被作为第一选择。我们明白它不能像银行那样只讲述贷款的优待条款——这样无法与银行形成竞争。所以我们选择着眼于小企业对Funding Circle的市场营销中所期待的"感受"。那些勇于开创一番基业的人有着对事业的极度热爱，并对前景非常乐观。他们不一定想要改变世界，但都确定无误地认为追逐梦想和建立成功的公司很重要。

因此，我们把这些创业者的核心故事总结为"为开拓而生"，并把同样的称谓也赋予那些通过平台投资他们的人。Funding Circle使他们结合，并衍生出一种能够在困难时期给予两者热情与勇气的归属感与认同感。我们把这样的主题融入其市场营销的各个方面，从而成功地为功能性品牌注入情感，并且它也为Funding Circle的员工带来了积极的改变。精确的市场营销使Funding Circle的增长翻了一番，并在首次公开募股（IPO）中取得了15亿英镑的估值。

6.4 好感度即变革

你是否曾花费数周时间准备推介材料只为赢得客户，是否曾花费数月时间为建立一段客户关系煞费苦心，但只因某些你未能追本溯源的细节，机会被竞争者夺去？你是否曾挖空心

第6章　变革B2B的五条法则

思地在公司网站上介绍产品的各项细节数据、与竞品的功能对比，但销售额不增反降？这非常让人沮丧，究竟哪里出了问题？

好感度是问题的关键。你失利的原因几乎可以确定是由于客户对你的竞争者更有好感。就是这么简单。人们倾向于和他们亲近与信任的人打交道，即使他们的产品不如竞品。这正是前文提到的那些只在远观的高层决策者的行事方式——在入围名单中选择他们最有好感的。正如罗希特·巴尔加瓦（Rohit Bhargava）在他的《好感经济学》中所说："成功很少取决于我们的所作所为，而是取决于他人的认可。"

我们将在之后的章节讲述关于好感度的更多细节，但我们先勾勒出好感度在变革B2B中的重要性。要知道，被喜爱与被信任中间有一条清晰的纽带。对于那些至关重要、耗资甚巨的商业决策，信任感会在其中起到妙用。难道你会信任一个你不喜欢的人？

从执行的角度讲，在变革B2B的语境中，好感度取决于你的言行是否有人情味。机器人不会催生好感，也不能促进信任。思考一下如何在营销话语中融入品牌，什么样的做法带来共情、真诚与认同？因为提高好感度的目的是帮助人们做出于你有利的决策。

此外，受喜爱不代表谄媚与虚伪。人们可以轻易地区分出

121

好感是否真实。潜在客群看中的是公司是否能够传递其他客户的体验，并在这个过程中通过人性化的方式帮助他们。语言、语调、个性、态度、姿态以及内容都是组成好感度的元素。你应当抛弃那些行业术语和纯内容营销，因为它们使你看起来与别人一样。即使你目前的品牌好感度尚可也不要麻痹大意，唯有那些备受信任与受喜爱的品牌能够立于不败之地。

6.5 故事讲述是一种工具

故事讲述是一门技术活。实际上，当我们听到或者读到故事时，我们会自动分泌出创造情感的神经递质。TEDx[①]的演讲专家大卫·菲利普斯（David Phillips）提到神经递质为我们的批判性思维按下了暂停键。这时，故事的受众会分泌多巴胺，它能够提高注意力、行动力以及记忆力，而这些元素在销售环节中必不可少。好的故事还能提高催产素水平，它能够带来信任与纽带，并让客户与品牌产生情感连接。并且，幽默的故事会刺激内啡肽的分泌，它能够让受众同时感到放松与专

[①] 美国一家非营利机构，旨在通过专业人士讲演的方式传播"值得传播的创意"。——译者注

第6章 变革B2B的五条法则

注。所以,这三种化合物被大卫称为"天使的鸡尾酒"。

客户对品牌背后的真实个体兴趣愈发浓厚,他们期待听到更多关于他们的故事。这样的方式让他们感到没有被当作买卖的对象对待,而是被视作家人。没有人希望被销售员盯上,但所有人都喜欢好故事。毕竟在向朋友推荐某样产品时,你不会列举它的所有产品功能,而是分享它给你的生活带来的积极改变——很显然,你正在讲述一个故事。

故事讲述也是展现共情力的绝佳方式。毕竟每个人都希望被他人理解。心理学家丹尼尔·戈尔曼(Daniel Goleman)与保罗·艾克曼(Paul Ekman)认为共情应当有三个层次,分别为:

- 认知共情——代表对他人的想法与感受的领会能力。它帮助你成为良好的沟通者,因为你会用最合适的方式输出信息。
- 情感共情——代表分享他人感受的能力。它帮助你通过理解深层次的原因建立情感纽带。
- 恻隐共情——这是最深层次的共情。它能催生帮助他人的实际行动。当被融入进公司的使命时,你可以想象它带来的能量。

当你在通过共情与客户建立纽带,以及在讲述以客户为中心的故事时,你带来的是一种人性化市场营销的力量。故事讲述是一种绝佳的提醒你自己时刻关注故事受众的方式,你将在本书接下来的部分中学到更多讲述技巧。

  我们创立这五条法则的初衷是表明变革B2B市场营销没有想象中这么难。实际上,你可能已经在实践一部分法则了。以人而非产品作为营销中心,创造可执行的使命,对情感报以尊重,提升品牌好感度并学会讲述绝妙的商业故事,它们是人性化品牌的奠基石。不要过度解读法则,它们的精髓在于运用常识思维吸引客户。

本章总结

- 变革B2B的五条法则是提高收益的简单方式。

- 着眼于人而非产品将使你的品牌由销售主导转变为由解决客户问题主导。

- 公司使命感为客户提供购买的理由,并使客户保持忠诚。

- 给予市场营销以情感将为客户创造深层次的纽带与互动。

- 好感度能够加深信任,而信任非常重要。

- 故事讲述帮助你为产品带来意义与记忆点。

第7章

故事经济学

在B2B市场营销中建立故事讲述文化是一场永无止境的自我追求。每个人都明白自己应该开始行动，但也仅限于此。正如其他所有创举一般，我们需要首先明确为何而为之。因为迟疑将把你永远置于市场营销的围栏之外，等待敢于吃螃蟹的人的出现。到那个时候，你的优势将会损失殆尽。所以，我们为你提供了证明故事讲述的有效性的铁证。

鲍勃·沃克（Rob Walker）和乔舒华·格伦（Joshua Glenn）在2009年想出了一个离奇的点子。他们在二手市场买了100件小玩意，并要求一名专业作家为每件物品创造一个独特故事。这些故事非常有趣，极具创意。例如，一个心形镇纸的虚构故事是她的所有者——一位办公室经理——需要用镇纸压住她糖果罐的盖子。之后，沃克与格伦把这些小玩意以及它们背后虚构的故事挂上网络交易平台拍卖，他们想知道故事是否会提高这些物品的价值。结果让人震惊，他们的成本是129美元，而拍卖收入达到了近3600美元，收入增长了2700%。这个试验被他们称为"重大意义物品项目"。它表明故事与情感价值能够显著地改变那些不起眼的物品的价值。而那些愿意花费高价购买它们的人则被背后的故事所吸引。

第7章 故事经济学

这为B2B市场营销带来了新的启示。提高产品价格与利润的常用办法是增加功能,并以此为卖点提高价格,尽管你的客户可能并不需要这些新的功能。这是一种惰性思维。而现在你知道了更好的方式,即着眼于故事。假设你的软件订阅售价是每月17.99英镑,而一个能使人信服的好故事则能够帮助你把价格提高到25英镑。不仅如此,故事带来的价值,以及它在客户心目中占据的位置,能够帮助你拉开与竞争者的差距。因为你不但提供了更多价值,而且还更容易让人们记住它。这是故事讲述带来的经济优势,所以我们把这称作"故事经济学"。

故事讲述也是变革B2B的核心。这不仅是靠讲述故事来使产品更吸引人,它也是使产品脱颖而出的核心竞争力。史蒂夫·乔布斯短暂地经历了在动画公司皮克斯(Pixar)的工作之后回到了苹果,并带来了他从那份工作中学到的故事讲述技巧。他把这些技巧应用在了iPod、iPhone和iPad的推广上。而这些产品为苹果公司带来了变革。

这就是为什么领悟故事的力量以及学会讲述自己的故事非常重要。你将在本章学到为什么故事讲述能成为B2B市场营销的重要元素,并了解创造故事需要的原材料,构建故事的方式,故事的有效组成部分,以及故事讲述的基本诀窍。在这个过程中,你也将读到那些为公司带来变革的故事案例。

7.1 为什么故事有效？

我们在本书中的多个章节谈到了为什么故事讲述对于B2B市场营销不可或缺。但在这里，我们将融入自己的思考并在这个基础上进行引申。现在回到问题本身，能让故事讲述卓有成效的原因主要有下面几个。

故事让事实难忘

回忆你看的上一部电影或者小说，主角身上发生了什么事？起因是什么？你的感受是什么？你大概可以轻易回答这些问题。但假如你看的是一份报表，你就不会对它留下印象。你也许会记得某些蹊跷的统计数据，但却很难流畅地表述出它的全部内容。这是因为故事让事实更难忘。爱立信的市场沟通及公关副总裁萨利·考夫特（Sally Croft）认为在市场营销中，我们有过多的数据与过低的故事创造能力，而故事让事实成为"可以实践的智慧"。

叙述结构是形成记忆点的关键。这也是为什么"我们的软件能为你带来30%的节余"这样的语言不够吸引人，尽管它的数据本身是十分出色的。下面这样的讲述方式更让人难忘：乔作为运营总监，在一场病假之后回到了工作岗位。然而，他被要求在三个月内压缩部门成本。他的团队在听到这样的消息之后感到压力倍增，士气低落。乔不知道应该怎么做，直到他发现了这个新软件，并成功地通过它在没有裁员的前提下满足了成本要求。乔收到了丰厚的年终奖金，成为同事的英雄。下次你制作营销展示幻灯片时，别忘了花些篇幅讲述一个类似的故事。

故事吸引注意

正如作家玛雅·安吉罗（Maya Angelou）所说："我明白人们会忘记你说过的话，人们会忘记你做过的事，但人们绝不会忘记你带给他们的感受。"故事讲述是情感的语言，它是品牌信息的完美载体。一个好故事带来兴奋感与好奇心，刺激受众的全部情感并使他们更投入。换句话说，作为故事的接收者，人们愿意为你的故事做出情感投资，前提是故事本身引人入胜。

我们在前面提到，这些感受是体内的化合物在接收到故事的不同元素刺激时所产生的反应。悬疑感刺激多巴胺分泌，作为"奖励"激素，它能够提高注意力、兴奋感与记忆力。那些让我们感到同理心的故事主角,例如刚才提到的运营总监,则能使催产素遍布全身,它促进我们对故事与故事讲述者的信任。并且,如果故事既幽默又让人感动,我们会产生内啡肽,它能在提高注意力的同时放松精神,这种感觉与长跑之后的快感差不多。

专注、决心、信任与放松是你希望消费者在阅读营销材料时的心理状态吗?答案是肯定的。他们能通过读长篇累牍的材料和功能清单达到这样的心理状态吗?答案是否定的。这不是因为他们不需要内容与功能信息,而是由于只有数据信息是不够的。数据与事实会唤醒我们的批判性思维,开启大脑中负责分析与纠错的部分。然而只有故事能引导我们进入一种产生接纳与信任的情绪。正如迈克·马格利斯(Michael Margolis)在他的《故事10X》(*Story 10X*)中所说的,"数字不带来意义,而意义来自讲述这些数字的故事。"

你也许认为自己不会被故事所"糊弄",但你不得不承认情感主导的决策机制建立在我们的潜意识上。因为我们感受的进化是朝着能够确保生存的方向,它的重要性不言而喻,所以我们的大脑已经习惯于不受干涉地自主产生感受。这意味着那些刺激购买意愿的故事能在不知不觉中让人产生购买欲望,不论人们自身是否真的如此打算。

故事对我们意义非凡

身兼记者与小说家身份的威尔·斯托（Will Storr）有一个重要观点：故事讲述者对如何讲故事的定义就如同心理学家对我们如何生活的定义一般。这也就是说"故事与思维相通"，以至于我们倾向把自己视作生活中的英雄，不断地克服困难并成为更好的人。

正如斯托所说，所有的故事都关于改变，而改变是我们的大脑最容易注意到的东西。这是我们生存本能的一部分——静谧预示安全，移动的物体则可能带来危险。数千年以来，我们把故事当作教育后代行事准则的工具，譬如教育后代如何寻找食物并分辨食物是否有毒。同时，故事（或者流言）也对团体内部的凝聚力产生促进作用。恶人会被惩罚，好人会被接纳。这也是为什么一切优秀的故事都以主角的不幸开场。我们希望见证他们是如何应对不幸，又是如何解决一个个挑战并最终战胜它们获得成长的。这点呼应了我们对自己的生活的雄心。

故事也迎合了我们内心中的控制欲，因为我们希望成为主导者，而不是被动的接受者。微软的创意撰稿人与《品牌故事讲述》（*Brand Storytelling*）的作者美里·罗德里格斯

（Miri Rodriguez）说过，"客户渴望胜利，他们不需要被推销。" 通过聆听故事，我们有机会代入主角并与他们一起成长——这恰好刺激了我们主宰生活的渴望。控制感的来源是知道未来将要发生什么。主角能够解决困难吗？他们会受到公平对待吗？故事完结的时候他们会有什么感受？我们体验一个故事时，真正做的其实是在问自己"我如何掌控一切？我应该怎么做？"幸运的话，我们会在故事的最后发现答案。在生活中，你一定会面临各种困难并尝试解决它们，而故事是帮助我们战胜对未知的恐惧的最有效方式之一。

聆听故事能够加强我们的本能信念与重拾对生活的信心，变得更加积极乐观。这意味着对B2B市场营销来说，故事讲述是契合人性的营销方式。如果你能创造出可以讲述品牌与产品的故事，你的信息将被高效地注入受众心中。这时你就能够免于绝望地挥舞着产品数据介绍与功能宣传。

故事建立品牌

很多CEO认为"品牌"二字只代表标识与视觉身份，而非强有力的变革力量。尽管如此，他们中的一部分仍然承认故事讲述的必要性。这就是为什么我们通常用故事讲述替代品牌建设。对于"如果公司有一个好的故事，你是否认为它能帮你卖

第7章 故事经济学

更多产品并使员工更投入？"这样的问题，答案是肯定的。尽管我们完全可以直接谈论品牌建设，但是我们发现以故事讲述为切入点能够辅助我们更好地呈现理念。

研究显示，故事是品牌建设的力量源。传媒广告公司哈维斯（Havas）在数年前建立了一个用于分析品牌的部门，它以两年一次的频率调查品牌对消费者生活的重要性。2019年的调查显示人们对77%的世界级品牌的消亡无动于衷，这结果令人遗憾（尽管我们并不吃惊）。

为什么这些品牌不被珍视？因为它们没有与客户建立情感纽带。而那些成功的品牌如三星与谷歌，为它们自身的存在注入了价值。在此，我们希望证明故事讲述能够带来情感和品牌价值。另一点值得注意的是，哈维斯的2017年调查表明那些高价值品牌在过去十年的股市中有两倍的优秀表现。

故事讲述不是一场短暂的狂热，或者一件普通的市场营销工具。实际上，它是使一切自如运转的市场营销润滑剂。通过把它融入进你的展示文件、视频、网站、活动、社交媒体以及其他的市场营销工具中，你将能够强化每一项的效力。例如，故事讲述能让你的目标客群营销和内容营销更成功，因为我们惯于听故事。正如心理学家乔纳森·哈迪（Jonathan Haidt）所说，"人类大脑是故事处理器，而不是逻辑处理器。"你的客户渴求那些值得信任的公司。所以，你为什么不使用打造信任的首选工具——那些促进分泌催产素的故事——来变革你的品牌？

7.2 故事结构与谋划

我们希望你已经认识到故事讲述对于B2B的重要性，并且热衷于学习如何创造自己的故事。但在我们开始之前需要清除的误解是，文字不一定是故事——即便它看起来很像。

看看这个例子："我们是世界领先的专注于为全球性企业提供数字化转型的服务商。我们的混合云技术同时提供便捷与安全。我们的资深顾问基于人机结合帮助数字化项目契合企业战略。我们把这套策略称为智能设计转型，简称IDT。作为一家世界500强企业，我们备受42家世界顶级公司的信任。浏览我们的网站以获取更多信息。"

读了这个故事，除了"不屑"你还有什么其他感受？几乎没有。因为如果堆砌的文字不能在情感上吸引人，那么它就不是一个故事。不止于此，炫耀行业术语、主角不是客户而是品牌，以及让人费解的文字组合都不能被称为故事。并且如果没有对客户的映射，那么它也不是故事，而最多只能算一个公司简介。

这才是故事：

在充满不确定的环境中经营一家全球性的企业对即使是最出色的CEO也是挑战（我们既提到了目标客群，也描述了背景）。永无止境的数字化转型项目会在吸干资源的同时带走它们本应带来的增长（我们在这里加入了对抗与共情）。在Newco1234，我们的目标是解决这个难题。我们帮助世界上最优秀的CEO（他们是英雄，品牌是催化剂）通过改进数字化转型项目来领跑竞争。我们称之为"聪明地奔跑"。了解更多关于为什么42家顶尖公司的CEO愿意在声誉的危急关头（我们表明了问题的性质）与我们合作（我们介绍了关于聪明地奔跑的故事线，有哪个CEO不想这样呢？）。

我们把故事中的客户描述为英雄，强调了问题所在，并且把品牌当作推手创造了"聪明地奔跑"这个概念。此外，我们也提到了CEO的声誉，这个重要的元素为故事注入了共情。

现在我们开始探索什么是引人入胜的故事结构。由于故事讲述这个词被宽泛地用于描述市场营销中的众多行为，我们认为根据不同目的、策略与技巧把故事讲述划分为三层是有必要的，因为如果在实际操作层面进行B2B故事讲述容易让人混淆，而三层的分类法有助于厘清它们之间的关系。

故事讲述第一层：目的（为什么做）

每一家企业都有可以讲述的故事，但最重要的是能够提供清晰的企业故事。这样的故事将带来变革与启示，帮助改变游戏规则，制定行业话语权。它还能帮助企业优化蓝图、拓展企业使命感内涵、激发客户与员工的潜力。此外，它可以鼓励别人透过你的视角看世界，并提升他们对你的认知与渴望。这个层面的故事还包括公司的起源、传承、社会责任、可持续发展性、客户服务、文化以及创新。而这些故事对在客户、员工与社会间建立高度的情感纽带上也是必不可少的。而你可以通过品牌定位、深思熟虑的领导力、变革管理与积极的雇主品牌讲述好这些故事。

故事讲述第二层：策略（怎么做）

企业需要吸引客户对其产品与服务的需求，这在B2B中通常导致缺乏消费者吸引力的同质化竞争。故事讲述第二层是关于使用更具创意与故事性的方式提高传统目标客群营销、市场营销广告和潜在客户挖掘的成效。而它们的共同目的是提升企业与客户的互动，以及提高销量。故事讲述第二层能让你与客户建立情感联系，提高客户占有率和留存率。其目的是使你的潜在客户转变为真正客户，提升现有客户的纽带。这个层面的故事通常应用在销售广告、产品推广以及其他以客户为主导的活动中。

故事讲述第三层：技巧（做什么）

这类故事的特点是活在当下，用有趣又动人的方式讲述现有的营销内容。它的载体可以是一场内部活动的幻灯片、一份用户会议上的产品动图，甚至是一个创造客户案例的更有趣方式。你可以看出第三层的故事是基于解释现实的需要，以及讲述具体的产品的需求。它是比堆砌数据与图表更有说服力的方式。

作为总结，连接故事讲述第一层与第二层是必要的。当下的品牌建设与潜在客户发掘互不关联，但唯有企业故事与市场故事的有机结合才能让营销者们拥有撬动品牌的力量。而我们把这个过程称为"品牌发掘"，因为它是品牌建设与潜在客户发掘的结合。

尽管如此，故事讲述的第一层仍是一切的起点。这是那些融合人心的元素——使命、承诺与愿景——的立足点。故事讲述的第一层是功能性的，它为营销与销售提供辅助。经验告诉我们，拥有第一层的企业故事的B2B品牌不足5%。而这应该是能让你兴奋的消息，因为它意味着巨大的机会空间——余下的95%的品牌仍能从企业层面的故事讲述中获益。

现在，让我们一起探索第一层故事讲述的力量，并把它引申到西蒙·斯尼克的《从问为什么开始》中的故事同心圆中，如图7-1所示。大部分公司停留在最外部的圆，它们正在讲述做什么（故事讲述第三层），仅有少部分公司谈到了怎么做（故事讲述第二层）。极少的公司表明了为什么而做（故事讲述第一层），而这第一层的故事至关重要。

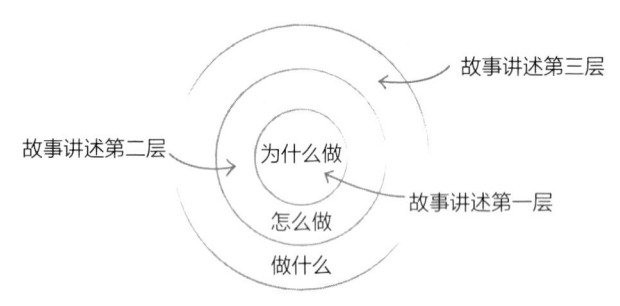

图7-1 故事同心圆

正如那些最成功的公司的立足点是处于同心圆中央的使命感（为什么做），它们讲述故事的立足点也一样。当然，要做到这一点，首先必须有可执行的使命，这是我们在变革B2B市场营销五条法则中所提到的。不过，即使是那些已经在讲述使命感的公司，它们的讲述方式也是孤立而非具有连贯故事性的。你的使命、承诺与愿景是第一层故事的原料，你需要通过故事讲述向受众有机地描绘它们。

然而，最重要的是有一个整合了全部三个层面的专属故事。因为每个层面的故事都会在长时间的反复讲述中提高品牌存在感。而三个层面越协调，效果也越好。如果你从同心圆的最外层开始，你将疲于找寻新的故事，但如果你从最内层开始，你将发现其他层面的故事被自然地融入其中。正如收据银行（Receipt Bank）的CMO达瑞尔·鲍曼（Darryl Bowman）所说，"找到一个故事以及所有可以讲述它的机会，重复再重复。即便你感到厌倦，它对新的客户却也是全新的故事。"其实，这就是一种在买家心中提高可信度与连贯性的方式。

7.3 故事讲述的模型与工具

你可能听说过故事线，以及任何故事都遵循着相似的基础结构的说法。虽然这些说法的确真实有效，并且讲述好故事的方式多种多样，但现实是它们只能作为参考。因为没有任何一种方式是绝对正确的，组合故事元素的方式可能多达上千种，但最重要的是故事需要映射品牌。你可以学习无数关于故事讲述的技巧，但你的主要施力点在于获取受众的注意力，以及用具有启示性、告知性与娱乐性的方式分享你的传奇。

12种人格原型

心理学家卡尔·荣格（Carl Jung）总结了12种人格原型。他认为这12种人格原型是从人类的共同潜意识中起源并普遍存在的古老印记。在研究了这12种人格原型之后，我们把他们带入了B2B的领域，并总结了4种可以从客户身上识别的需求形态，它们是：

- 纽带与归属
- 传承与改变
- 体系与秩序
- 独立与信仰

如图7-2所示，外圈是12种人格原型，中间一圈是它们所代表的意义，内圈是4种需求形态。

这4种需求形态是人们期望从与品牌的互动中获得的。我们寻求的不外乎对纽带与归属的期望，对传承与改变的渴望，

图 7-2　12种人格原型和4种需求形态

对体系与秩序的期盼，以及对独立与信仰的渴求。这些需求形态不是互斥的，因此，品牌在讲述故事时完全可以同时涉及传承与归属感，或者由一个次要故事伴随一个主要故事。了解12种人格原型与4种需求形态对如何使品牌与客户产生共鸣大有裨益。例如，因其强烈的创业者社群氛围，众筹平台Crowdcube选择着眼于客户的传承与归属感需求。不论你如何选择，你都将成为美里·罗德里格斯口中的"共同感受"的盟友，它是我们每一个人都认可的情感，因为它能带来四海之内皆准的感受。

一旦确立了公司使命，你的下一项任务就是选择人格原型和其对应的需求形态来定位品牌。12种人格原型能为你在定位品牌时带来更多的个性、态度与信仰。例如，你是一家软件服务提供商，经理可以通过你的软件追踪并管理公司所属的移动设备，你的产品能否为经理的生活带来体系与秩序？如果能，你大概会讲述这样的故事：

管理那些移动设备与公司合同是一个恼人的难题。你感到压力与失控。不过我们的软件助你一站式地管理这些难题。将来，替代你的担忧的是甜美的睡眠。

但它是否营造了归属感？看看下面这个故事。

作为IT经理，管理公司无数移动设备的压力使你感到被孤立。我们帮助与你相似的公司管理它们的设备。加入我们，你将拥有整个能够与你共享信息与寻求帮助的社群。

你现在明白了同样的产品如何被嵌入不同的人格原型。

创造品牌故事的最重要元素是，在90%的时间里，把客户视作英雄。大多数公司的错误是把品牌或者产品当作主角。但你要明白，客户希望看到自己在舞台中央。品牌是他们成功的催化剂。例如，如果你的客户是上面那位IT经理，他们会联想到的是"我和那位经理挺像，我们都面对同样的难题，是这家公司帮助他解决了问题，提振了他们的事业。我希望能像他一样。"

把客户置于舞台中央能促进他们产生共情并认可你的故事。

那么这些舞台中央的英雄在故事中应该做些什么？我们可以用7条主要的故事架构来概括。不过需要注意的是它们与上述人格原型不同，通过利用不同的讲述方式，故事架构的作用好比用来挂故事的钩子。有的故事架构对你来说不陌生，而你的工作就是从中选择最契合公司使命并以最佳方式呈现品牌形象的架构。

- 战胜怪兽《世界之战》（War of the Worlds），英雄克服无数挑战并击败对手。
- 造富之旅《灰姑娘》（Cinderella），默默无闻一族通过自我努力跨越社会阶层并战胜恶人。
- 履行任务《星球大战》（Star Wars），英雄开启一段前无古人的旅程，在盟友的协助下克服困难，找寻失去之物。
- 远行与归来《爱丽丝梦游仙境》（Alice in Wonderland），主角在奇幻之处游历，最终懂得新世界的运行方式并最终回到旧世界中。

- 喜剧《布鲁斯兄弟》（*The Blues Brothers*），一个滑稽的角色战胜不利情况，以大圆满结局结束。
- 悲剧《哈姆雷特》（*Hamlet*），有着致命缺陷的主角被命运吞噬。
- 重生《圣诞颂歌》（*A Christmas Carol*），英雄的个人升华使他更平易近人，并因此避免了灾难。

利用这7条故事架构帮助你更好地围绕12种人格原型与产品讲述故事。人类历史已经证明故事架构的作用，你大可以放心地利用它们。

故事的五阶技巧

现在需要思考的是如何讲述你的故事，这里我们要用到故事的五阶技巧。我们并不是这个技巧的创造者，但我们设法把它融入进B2B的框架中。具体来说，它是一种故事线的表现方式。例如，乔布斯利用它在发布会上展示苹果产品，下图中的折线则代表了观众在他的引领下的情感体验。图7-3展现了故事的五阶技巧模型。

第7章 故事经济学

```
解决方案
什么是开启一
切的答案
              希望
              什么是能够指
              引我们的洞察
展望
明天将会怎样
                挑战
                什么是我们需
                要战胜的难点
回顾
我们目前在
什么位置

窍门         窍门          窍门          窍门         窍门
确保客户在故   勇于创造具有   这是注入故事情  如何在人力与科  用简短的
事中被提及    说服力的未来   感与共情的阶段  技上寻求变革   语言勾勒

     背景  ——→    冲突   ——→    解决
```

图 7-3 故事的五阶技巧模型

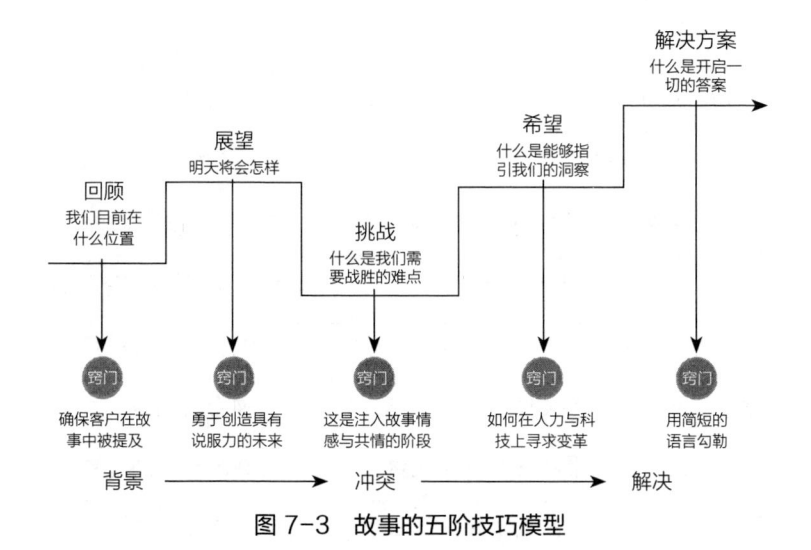

- 回顾：我们现在处于什么阶段？让客户知道你在什么阶段和你正在与他们对话作为故事的开端非常重要。例如，全世界的CMO都在如何利用品牌促进增长的问题上遇到了困难。如果你也是其中一位CMO，你会立即感受到这句话与你的关联，因为它提到了一个你十分熟悉的问题。要注意的是，CMO从一开始就被定位为这句话的主角。

- 展望：明天将会怎样？现在要为你的受众带来展望。例如，想象如果全世界的B2B市场营销都以品牌而不是产品为主导；想象如果每一家公司都有强烈的使命感；想象如果每一家企业都与客户建立了情感纽带并可以讲述

147

出色的故事。你需要敢于为行业构思一个令人信服的蓝图。

- 挑战：什么是我们必须克服的阻碍？什么在阻挠改变？它把受众从情绪的高点推向低点，增强了故事的情感冲击力，从而产生共情。它也同时强调了问题的规模。例如，不过你知道吗？很不幸，这才是现实：B2B公司的卖点是技术数据与产品功能，只注重短期营销效益。我们究竟如何才能让人摒弃短视，把目光放到品牌的长远建设上？这看起来无法做到。这里，你的受众会表示赞同。

- 希望：通往更美好未来的秘诀是什么？我们要通过创造希望来激发热情。这是展现你所知的洞察、真相与那些改变游戏规则的秘诀的最佳时机。例如，B2B市场营销中有一条新的真相——人们不只想买你的产品，更希望认同你。客户想与品牌产生情感联系，而非仅是交易关系。我们可以从这里引出解决方案。

- 解决方案：解决困难的办法是什么？这是拉开幕布的时刻，解答你的品牌为客户的问题带来怎样的解决方案。对乔布斯来说，他的回答是新款iPhone手机，但在我们的例子里，它是这样：品牌是公司的未来现金流——它应该是独一无二、难以复制的；它帮助企业与客户产生

第7章 故事经济学

情感纽带，把业务由功能性变为情感性。它将显著提高公司的增长潜力。

我们为客户故事制作的幻灯片不会超过五页，通常，我们会先参考客户的市场营销与销售材料。这些材料一般都着眼于产品或者服务，但这意味着客户无法从故事中看到自己，因为这样的故事缺乏情感和故事讲述带来的冲击力。而我们创造的故事以客户为中心，并且能够利用到上面提到的五阶技巧。在讲述品牌故事时，我们的具体做法取决于公司的发展程度。例如，在很少有人涉及的新兴市场中，故事将着重表现出企图心并重点描绘新的解决方案带来的改变；在成熟市场中，虽然我们也会在故事中表现出同样强烈的企图心，但会花更多精力讲述行业在没有新的解决方案前所面临的困难。

此外，我们确保在故事的结尾以客户的感受作为结束，而非以产品。因为这样留下的客户感受会成为品牌专属。假设面对的是大型机构的CEO，我们的工作就是想办法知道他们的需求与感受。也许他们正经历着挫败感，那么我们则可以在故事中加入一些轻松的元素，并把产品隐藏在故事线中。这样的产品营销会带来更大触动，因为它的背后有着一种积极的情感。你可以利用罗伯特·普鲁契克（Robert Plutchik）开发的"情绪轮盘"来帮助你做出决定，让你和你的观众联系更紧密。

13种故事

多年讲述品牌故事的丰富经验让我们产生了对B2B故事门类的思考。尽管在主要门类之下仍有细分，但以下是我们总结的13种主要故事门类：

- 起源：为一切品牌活动打下基础
- 使命：传递超越利润的情感信息
- 对比：体现你与竞争者的差异
- 产品：讲述产品细节
- 共情：通过人性化的方式与客户产生纽带
- 创新：引领更多的未来增长
- 专注：在专业性与广泛性之间达到平衡
- 文化：赋能员工使他们成为热情的品牌大使
- 同情：讲述你的社会影响力以给予客户信心
- 环境：强调你在可持续发展中的角色
- 影响：使用成功故事鼓舞潜在客户
- 触手：清晰地讲述进入市场的路线以建立信任
- 权威：使用领导力赢得竞争

故事门类的意义在于表明你可以讲述的东西远比产品多。如果人们开始出于认同你而购买，而非仅因为产品，他们认同的是你背后的品牌故事。不过你不必纠结于选择某一种故事门类，它们的作用是让你知道在宣传品牌时，你可以用到的讲述方式与内容是多种多样的。例如，对于一家拥有研发传统的高科技企业，创新故事最能拉开你与竞争者的距离。相应地，你的专有故事应当收窄，特别是对于拥有细分市场的企业。故事能够解释你在这个市场中的行为以及行为背后的原因。在此基础上，不要忘记使用其他门类的故事来提升品牌整体形象。

7.4 故事案例

学习故事讲述的最佳方式是通过案例。所以，我们会在下面这个案例中展现如何用故事提升品牌潜力。

Incopro是一家软件供应商，它们的业务是帮助企业规避网络诈骗与品牌侵权，通过防范虚假网站与盗版产品保护企业的网络渠道与知识产权。你会发现这样的描述非常干涩，而Incopro自身也渴望改变。所以Incopro希望我们帮助其为品牌带来变革，并借此吸引那些通常不会考虑他们产品的新客户。

我们认为Incopro需要一场品牌重塑与战略定位。所以，一切始于探寻这家公司存在的意义。Incopro的存在显然不仅作为一家软件供应商，它还代表了一种联合其他公司对抗行业内的危险分子的力量。我们据此重塑了Incopro的使命、承诺和愿景。

- 使命：为企业和它们的客户带来更好的网络环境。
- 承诺：帮助联合全球性企业在与滥用其品牌、抄袭其产品以及危害其客户的个人与机构的斗争中取胜。
- 愿景：创造客户能够信赖的网络环境，以使那些重金投入品牌建设的企业没有被抄袭、被侵权的后顾之忧。

这些理念逐渐形成了一个围绕"加入大家庭"的品牌故事。并且，我们撰写了一本故事集以帮助Incopro的管理层和员工理解并执行新的品牌定位。它的主基调始于介绍Incopro是如何从创立之初就在致力于创造一个更好的网络环境。我们通过对《狂野西部》（*Wild West*）的类比强调现代品牌所面临的网络犯罪的形式，而这个问题是任何一家公司都无法独立解决的。此时则是引入Incopro的最佳时机，因为它将带来全新的解决方案：通过联合其他公司形成统一战线，以及通过Incopro的软件系统形成合力并最终战胜网络犯罪。

这是一个强有力的故事。但为了使它发挥所有潜力，我们建立了一个全新的网站和市场营销策略来帮助Incopro传达故事。至关重要的是，通过网站首页的视频，我们向潜在客户概括了故事的主线，让他们了解Incopro的解决方案。客户会立即明白这家公司的不同寻常之处——它没有列举技术功能与产品优势，而是表明了品牌的内涵与使命。那些担忧抄袭与侵权的公司的管理者，在看到Incopro的故事时将感到强烈的信心与认同感。

7.5 故事讲述的十条规则

现在让我们回顾所学内容。故事讲述有多种所谓的规则：12种人格原型、故事架构、讲述方式，以及其他无数种法则。但是，为了方便使用，我们为你总结了10条应用于B2B市场营销的规则。实际上，不要把它们视作规则，你应该把它们看成指引你成为优秀的故事讲述者的北极星。

1.故事为先

让品牌成功的动力源泉是不断地创造与讲述故事，而非传达产品功能与优势。一旦你成功建立了第一层故事，你就能为品牌带来特征、态度与记忆点。

2.走艰难之路

你不可能通过简单地依赖产品取得行业领先地位。成功的公司会对自身进行挖掘，直到他们发现自己的使命、承诺与愿景，以及世界会如何因此变得更好。

3.人，最棒！

最成功的品牌由人建立，由人推动。它们的员工与客户是自发的故事讲述者，是站在前线的品牌大使。如果你能让他们感到自己是某项伟大事业的一分子，并给他们践行故事的自由，你的品牌将潜力无限。

4.情感是制胜之道

人们因情感而买，之后才辅以事实进行自洽。如果你希望得到客户认可，你必须学会把对话的重点由技术数据衍生为情绪感受。如同鸟的双翅，同时拥有理性与情感的公司才能翱翔。

5.现实查验

忘掉你的产品——人们对它没有你想象的那么感兴趣。

6.成为故事专家

老话说"品牌行为即品牌本身"。挑战在于,如何积极地影响品牌所触及的群体的生活,让他们愿意讲述他们的故事。

7.一切从客户开始

第一,最后,以及任何一件事都要从客户开始。如果你是对话中存在感最高的人,请在别人厌烦你之前赶紧离开。

8.展示积极与乐观

随着生活的挑战与压力日渐繁重,人们越来越需要从那些带来积极与乐观的品牌中寻求慰藉。研究显示,49%的人甘愿为正能量的品牌支付更多钱。

9.避免虚伪

做到坦率与真诚,否则就会有被驱逐的风险。

10.人们认可故事,亦如认可产品

让客户在故事中看到自己。

通过之前的学习,你可能已经提前了解到了上述一部分规

则，所以它们对你并不陌生。不过我们认为把它们集中在一起是有益的，因为这能表现出人性化赋能B2B市场营销与出色的故事讲述之间的共通点。

7.6 狩猎故事

很多公司面临的困难是如何找到既真实又地道的故事，这就是为什么我们需要狩猎故事。它的基础是你已经拥有了许多故事线索，不论是在公司内部还是外部，而你要做的只是发现故事本体。

大型公司的团队常常有数以百计未被讲述的故事。从为慈善机构募集资金到攻克严峻的挑战，公司员工做过很多不平凡的事。而这些故事是对品牌的最佳背书，因为拥有这样的员工的公司，其品质自然不言而喻。找到这些被隐藏的金子是你的责任，尽管这并非易事。此外，我们认为找寻故事的过程能帮助员工产生凝聚力，仅此一点，狩猎故事本身就值得一做。

如果我们没记错，数年前，软件巨擘思爱普（SAP）曾宣传过来自50位员工的不凡故事。SAP最终把这些故事放到了网站首页。所以浏览者在看到传统的企业资源计划软件的介绍的同时，也了解了SAP背后成员的真实故事。要知道，70%的B2B购买决策是在与销售接触之前就已经被敲定的，所以你现在更能领悟人性化的、基于故事的展示为潜在客户带来的巨大冲击力。这种唤醒人情味的方式为SAP带来了优势。

挖掘客户故事也一样，你要去与他们对话，发现他们是如何看待你的。甲骨文和微软这样的大型公司有负责建立案例、客户推荐与转荐的回访计划，收集到的内容则可以被用在销售或者放到公司网站上。对于B2B，同行推荐和行业意见领袖的看法是极其宝贵的。找到行业意见领袖，想办法成为他们成功故事中的一部分以促使他们向其他人推荐你，将为你带来极大优势。因此，每家公司都应该想方设法找到自己的故事。

7.7 创意的力量

品牌故事讲述的起点是策略制定，之后才是讲述。能让故事独一无二的不是它的原材料，而是你组合它们、为其注入创意的方式。绝佳的故事原料在糟糕的讲述下只会形成干瘪、无趣的故事，这是对故事资源的极大浪费。你的故事需要引人入胜、令人信服，因为它将是专属于品牌的，正如产品一般。

如何让故事脱颖而出，唯有创意能助你一臂之力。出其不意是摄人心魄的绝妙方式。如果你浏览过SAP的网站，你将会惊讶于那些既有趣又有创意的故事，而不会看到冗长的技术资料。也许，你还会特别欣赏其中的一些故事，并鼓励你的同事也去看看。

我们认为可以传递故事的不同媒介包括视频、网页、领导力内容、活动、客户互动以及讲演。但是，未来的故事讲述方式将由于科技的进步变得更加具有沉浸感。例如，也许你会在旅游中介的引导下进入虚拟现实，它将带你游览你想去的地方。你将在"现实"中体验未来。

这也是为什么我们如此期待讲述那些未被发掘的故事，实际上，能够帮助品牌讲述那些故事是我们的荣耀。

本章总结

- 故事是人性化变革品牌的终极利器，因为它们使品牌更有记忆点、给予受众在乎的理由、突破心里防御并建立你的品牌形象。
- 故事可以被分为三层：企业、市场与技巧。
- 构建故事的方式多种多样，例如，12种人格原型、故事架构与五阶技巧。
- 你可以为品牌讲述至少13种不同侧重点的故事。
- 故事讲述的10条规则总结了故事与品牌建设的基础。
- 你能在员工与客户中挖掘出无数故事。
- 创意让故事更加动听。

第8章

好感度因素

你看过本尼迪克特·康伯巴奇（Benedict Cumberbatch）主演的电影《模仿游戏》（*The Imitation Game*）吗？它讲述了英国数学家阿兰·图灵（Alan Turing）在第二次世界大战中通过解密德国的恩尼格玛密码机（Enigma），拯救无数生命的故事。故事中的转折点是图灵与他的未婚妻琼在酒吧中的对话。琼明白图灵正投身于一项艰巨又毫无起色的工作，于是她对图灵说："不论你多么聪明，恩尼格玛密码机总比你聪明一点儿。"她的意思并非图灵不能靠自己的力量解密，而需要依赖同僚的帮助；她重在指出图灵不是一个受欢迎的人，以至于他的同僚不愿靠近。最终，不出意料，图灵设法动员了他的同僚并受到了欢迎。我们认为这个故事的精髓在于表现了什么是品牌好感度。你的产品可以是世界上最优异、先进与智能的，但如果人们不认可你的品牌，他们会弃你而去。正如我们所说，人们不只想买你的产品，也渴望认同你的产品。

人们会与他们喜欢但不一定提供最佳产品的公司打交道。我们明白这样的现象看似离奇，因此，我们首先从人，而非品牌的角度来分析一下好感度形成的原因。很明显，人们倾向于靠近有好感的事物，而远离那些让我们厌恶的事物。不那么

第8章 好感度因素

明显的是,好感度的影响力其实超越了其他一切因素。罗希特·巴尔加瓦在他的《好感经济学》中提到了一项2005年针对某四家大型企业员工的研究。该研究参考了员工的问卷调查与互评,把受调查人按照两项特征排序:能力与好感。当被问到他们将如何选择同事以完成一项虚构的工作时,毫无意外,每个人都希望选择与那些好感度高、能力强的人共事("受喜爱的明星");没有任何人选择那些能力差、好感度低的人("无能的另类")。但令人惊讶的是,当需要在受欢迎或者能力强的同事中单选一类共事时,人们纷纷选择那些能力低但是好感度高的人("受喜爱的蠢材"),而不是他们的对立面("有能力的怪人")。这意味着人们认为好感度的影响力超越了技能、能力和资历。

这种现象非常普遍。在选举中我们为最受喜爱的候选人投票,譬如托尼·布莱尔(Tony Blair)和鲍里斯·约翰逊(Boris Johnson)在英国首相选举中的压倒性大胜。我们在商场中购物,在餐厅中吃饭,即便这样的成本更高,因为我们已经对优质的服务产生了依赖与好感。在B2B领域中,除了产品背后不一定有实体的面孔,与消费者市场没有什么不同。这意味着品牌必须将好感度因素重视起来。

客户的购买决策基于对公司或者品牌的好感度——就是这

么简单。从某种程度说,这一点其实从未改变,只不过好感度因素在当下愈发重要。过去十年,买家的思维、行动与对品牌的看法发生了巨大转变。千禧一代的决策者们也走上了高位,他们迫切希望你与众不同,这可以从他们对甲骨文和IBM这类"强势"品牌的逐渐疏远,以及对Salesforce这类新兴品牌的逐渐靠拢看出来。对于科技或者金融这类比较复杂,数字化程度高的行业,好感度因素至关重要。长久以来,企业依赖昂贵的销售人员制造好感,但今天企业意识到它们需要投资品牌建设、为客户打造积极友善的体验以适应网络环境带来的改变。

这意味着受欢迎是对一个品牌的基本要求,因为它能为你带来商业优势。在这个新的赛场,你需要的不是把营销看作一场零和销售游戏,而是把它视为受欢迎程度的比拼。在这场比赛中,你需要保持进步、提高话语权与关联度。

我们最近会见了一位新兴金融科技公司的CEO,这是一家面临来自成熟企业的竞争的公司。你也许会认为它很难在这样的环境中立足,但事实并非如此。这位CEO说道:"我们所到之处都受到人们欢迎,因为我们为陈旧的商业世界带来清新空气与变革。我们赢得人心不是由于业务比那些成熟的公司更强,而是因为我们更受人欢迎。我们同时做到了差异与有趣。"

在当今这个产品与服务,甚至价格的差异化越来越低的时

第8章 好感度因素

代,你认为人们的购买决策会取决于什么?毫无疑问,它取决于人们对你的好感度。此外,品牌好感度的意义不仅限于吸引客户,你还能通过对它的思考优化故事讲述的方式。

8.1 好感度误区

在讨论品牌好感度的重要性时，我们发现人们对"好感度"的理解有误区。所以，在探讨如何提高品牌好感度之前，我们想先谈谈什么不是好感度。

首先，好感度不代表欺骗性的感染力和具有强烈目的性的示好。我们在生活中都见识过采用这些方式的人，他们让人反感。这对品牌来说也一样，品牌必须做到真诚与可信，你不可能通过虚伪的方式赢得人心。同样，通过社交媒体制造虚假受欢迎度也是不可取的。传统商业社会看重的是品牌的强势展现，而新的商业社会在乎的是好感度，其背后是品牌的所作所为。所以，你要思考的是如何获取系统性的"好感"，而不是零星的"偏爱"。

有趣的是，你可能没有想过获取好感不意味着要时刻保持微笑。史蒂夫·乔布斯的难于相处尽人皆知，但这不影响员工出于他的坦率而对他的爱戴。他对自己的事业目的明确、身先士卒。在奈飞公司（Netflix）的纪录片《最后之舞》（*The Last Dance*）中，篮球巨星迈克尔·乔丹（Michael Jordan）

获得了同样的好感。人们敬仰那些极端专注于某项事业的人物，因为他们能激发信任感、钦佩与尊重，而我们生活中就有这样的人。

当然，不用保持微笑不是生产那些缺乏好感度元素的产品的借口。像乔布斯那样让人又爱又恨是非常罕见的。虽然我们没有证据，但乔布斯或许也认同做一位既友善又睿智的领导者更能影响他人。把这一切代入品牌建设中，你可以看到尽管某产品性能远超竞争对手，但如果其受欢迎程度不高，它的营销仍将面临巨大压力。所以，你应该通过成为"受喜爱的明星"提高销量与保护市场份额，而避免变成"有能力的怪人"。

8.2 B2B好感度鸿沟

大多数B2B公司的最大问题是它们从未对提升好感度做过任何尝试。相反，它们对产品有近乎偏执的执着，而这对客户信任感带来了灾难性后果。因为在市场营销的长期宣传下，人们不再相信任何宣传。这也是为什么TripAdvisor[①]和

---

① 美国一家提供旅行预订与价格对比的网站。——译者注

GlassDoor[①]这样的平台能够存在：相比公司的吆喝，人们更愿意相信同僚对一家公司的评价。所以，在公司的自说自话与真相之间，有巨大的好感度鸿沟。

然而，这并非客户所愿。品牌力与好感度之间的关联已在爱德曼（Edelman）的《新冠肺炎疫情下的品牌信任度2020年调查报告》（*2020 Edelman Trust Barometer Special Report: Brand Trust and the COVID-19 Pandemic*）中展露无遗。在此期间，81%的人表示他们相信品牌会做对的事；71%的人表示那些认为利益高于一切的品牌会失去他们的信任；89%的人表示希望获取品牌将如何帮助与保护它们的员工和客户方面的信息。换句话说，调查报告给品牌的启示是："品牌方要行动起来，负起责任；要联合不要孤立，要解决问题不要贩卖产品；用情感、热情与事实与客户沟通。"人们渴望与品牌产生信任，现实情况更强调了这一点。可以看出，人们希望你成为备受好感的品牌，而这在B2B中体现得更为明显，因为买家需要更强烈的确定性与控制感。我们的事业依赖于那些受信任的供货商。

尽管现实不容乐观，一部分消费者品牌近些年仍在努力尝试

---

① 美国一家提供匿名评价公司及职场信息的网站。——译者注

使自己变得更具好感度。因为B2B的决策者自身也是消费者，所以他们体验过，也欣赏消费者品牌的做法。但他们在工作中却不能从B2B品牌方得到同样的感受。为什么B2B不能做到B2C的成就？这条鸿沟足以让人警醒。你的客户渴望被以B2C品牌对待他们的方式被善待、被引导与被鼓励。现实中，他们面对的市场营销充斥着功能宣传与技术数据，忽略了永不过时的共情与热情。不过这对B2B公司来说是好消息，因为它给B2B公司为自己的品牌注入温暖、友善与热情带来了绝佳的机会窗口。

所剩时间不多，如果你的品牌不能持续创造好感，你将会被那些更能展现人性化的品牌替代。用创业家彼得·沙克曼（Peter Shankman）的话说，"不要坐等客户到来，你需要赢得他们的好感。"

8.3 什么是好感？

数年前，盛世长城广告公司（Saatchi & Saatchi）创造了名为"爱的标记"的概念。它是那些能够激发"毫无保留的客户忠诚"的品牌的代名词。这样的品牌更能提供远超客户期待的产品与服务，它触及人们的内心，并制造出一种"不可或缺"的情感纽带。这种品牌十分重要，它们的消失将为生活带来缺憾。

坦率地说，我们难以想象人们对B2B品牌的热爱会到达如此无以割舍的地步。但"爱的标记"的确能激励B2B品牌提高自身的好感度。那么，从品牌的角度看，哪些是影响好感度的因素？

8.4 专业人士怎么说？

尽管好感度对专业人士依旧是一个较新的概念，但人们对它的了解正在逐渐增加。受那些关于好感度的专业研究的启发，我们在此借用一些概念。

《好感经济学》的作者罗希特·巴尔加瓦创造了五条营造好感度的法则，它们的首字母正好可以组成"信任（TRUST）"这个词[真相（Truth）、关联度（Relevance）、无私（Unselfishness）、简约（Simplicity）、时机（Timing）]。

- 真相（Truth）。真相激发信任。在此基础上，巴尔加瓦指出保持诚实的本质比传递真相更有意义。有时一家公司最具人情味的表现就是承认自己的"不足",并致力于改善它。这能带来影响极其深远的忠诚度与好感度。

- 关联度(Relevance)。唤起好感的前提是明白人们在想什么,因为如果缺乏对外界环境的了解,你不可能传递具有关联度的信息。这意味着你首先需要聆听,之后再用与客户相关的方式展现你的答案。

- 无私(Unselfishness)。当前,社会对企业道德与奉献精神有很高期待。人们能区别出真实的共情与目的明确的虚伪。

- 简约(Simplicity)。剥离那些纷繁杂乱的事实更能使产品平易近人,招人喜爱。人们认可将复杂事物简单化的努力,因为这展现出的是你对问题的重视程度。

- 时机(Timing)。它包含了适宜度与相关性。在合适的时机做合适的事能让你收获更好的结果。譬如服装生产商为新冠肺炎疫情中的医疗人员提供防护用品就是在合适的时机履行慈善义务。

巴尔加瓦同样提及了其他关于品牌好感度的有趣研究。20世纪90年代,广告研究基金会邀请三位荷兰学者进行了一次研究,其发布于2006年的结果表明,品牌好感度有四个组成部分：娱乐性、关联度、明确度以及愉悦度。如果把它们置于B2B的环境中，我们认为娱乐性不仅代表惊喜与乐趣，还代表对受众的引导；关联度则是关于采用改善受众感受的方式与之沟通；明确度的含义是指沟通上的简约与便捷；而愉悦度则代表品牌的温度与友好程度。

可以从中看出，能够提升品牌好感度的元素多种多样。一篇名为《品牌好感度效应：企业能使自己更招人喜爱吗？》（"The Brand Likeability Effect: Can Firms Make Themselves More Likeable?"）的学术研究报告试图指出品牌好感度的构成元素。它认为人们评判品牌好感度的方式主要有两种：源头刺激与心理评估。在接触一个品牌时，我们会对那些有信誉、吸引力、关联性、专业性、公正性的品牌产生好感，这是不言而喻的。但这篇报告进一步指出人在这个过程中起着重要作用：如果我们信任那些与我们打交道的品牌方，并认可他们提供的见解，这个因素也将增加我们对品牌的好感度。

8.5 不可或缺的七条好感度要素

通过阅读与思考关于好感度的研究资料，以及参考在品牌好感度提升上的实际经验，我们总结了能助你在品牌建设中开阔思维的七条好感度要素。需要说明的是，你并非需要用到全部要素，但考虑把其中至少三四条要素融入你的品牌中。

1.帮助

你感激帮助过你的人，品牌亦如此。如果你的公司能够在关键时刻挺身而出，抑或在日常生活中默默为人们提供支持，你的品牌将赢得客户长久的忠诚度。你能为此做的包括：超越客户期待、为他们解决难题以及践行商业道德的承诺。

2.身临其境

感到被真正聆听是一种珍贵的体验，所以让客群知道你能够在他们需要时及时行动是一种动人心魄的力量。如此，你仿佛可以读懂他们的内心，而无须劳烦客户解释自身的困境。需要注意的是，身临其境意味着言出必行。因为缺乏实际行动的口号是无力的，如果你不能恰当地满足客户既具体又紧迫的需求，你最好不要轻易承诺。

3.慷慨

当一家公司付出不求回报时，人们反而会产生一种想要回馈、关注，甚至强烈希望推荐这家公司的亏欠感。企业可以通过履行社会责任和开展社会活动营造慷慨的形象。因为公众通常认为企业是自私和唯利是图的，所以那些真正展现慷慨的品牌能够获得明显的优势。

4.超额奉献

在畅销书《吃大鱼》（Eating the Big Fish）中，亚当·摩根（Adam Morgan）指出任何一家公司都能做出奉献，但唯有那些甘愿超额奉献的公司才能赢得人们的关注与青睐。我们认为，超额奉献四个字蕴含巨大能量。当你超额投身于某事时——全身心地扑在上面——人们将十分认可你对事业的热情。这是那些勇于解决难题的公司的绝佳营销点。

5.真诚

好感度和信任是硬币的正反面，而真诚就是握着硬币的那只手。在商业领域，人们往往不认为自己听到的是真相，所以如果你能扫除疑虑，以真诚说服他人，你将获得一众真心拥护你的人。而他们将成为你的回头客，他们会推荐你，甚至在困难时期也能与你站在一起。

6.人性化

你与客户对话的方式,不论是通过销售团队、网站或者其他营销渠道,都能够在很大程度上影响品牌好感度。使用既有温度又通俗的语言,避免专业术语,确保你的注意力在客户而非产品宣传上,都是建立好感度的方式。

7.专业性

我们不由自主地青睐那些具有极高业务专业性的人,并接受他们的指引。这也是为什么在制定采购决策时,我们如此看中客户评价与公司资历。并且,我们发现更能产生好感的方式是把"专家"变为"教育者",把专业知识通过既有趣又专业的方式分享给客户。

8.6 四种好感度

七条好感度要素可以为既生硬又冷漠的品牌带来温度与人情味,但你应该从何处着手?这取决于你的公司当前所处的阶段以及品牌属性与行业特征。如何让自己成为最受欢迎的品牌？每个品牌的好感度都应有其独特性，你要做的是把品牌的核心故事用自己的方式讲述。

这也是为什么你需要思考四种不同的好感度，并分辨哪种最适合你的品牌与产品。

1.即刻好感

你知道为什么有人能在初次见面时就获得他人好感吗？你会对只有一面之缘的人倾囊相告，把他们介绍给你的朋友吗？这类人具有一种神秘莫测的吸引力，这是一种潜在生长的力量——是他们个性特征的一部分。

有的公司也具有这个特质，它们有着与生俱来的吸引力。或是出于它们网站上的遣词造句，或是因为与客户产生的奇妙共鸣，它们举手投足的魅力比深思熟虑的行动来得更强烈。不过随着公司的发展壮大，它们也需要有意识地拓展好感度的范围。这点类似于初创公司在有一定规模后都需要着手建立自己的公司文化。此外，公司需要学会经营好感度的各个方面：品牌形象、产品设计、公司人员、营销内容。而且在这个过程中不能失去可以点石成金的灵感。

即刻好感强调帮助、慷慨、真诚与人情味。

2.赢来的好感

这是品牌通过努力挣来的好感，它代表一条颠扑不破的真理。你大可以展现出对事业的超额奉献，或者挑战现有规则以及显示对企业使命的认同。你也可以表现出对帮助他人的巨大热情，让他人希望以某种方式回馈你。同样非常有效的是做到个性化（即直接关联客群）与出其不意（没有人不爱惊喜）。汽车租赁公司Avis的口号"我们更努力"就是一个靠努力赢来好感的绝佳案例。

赢来的好感强调帮助、身临其境、超额奉献与专业性。

3.同情心好感

如果你被视为一家富有同情心的品牌，这意味着在人们的眼中，你把他人的利益放在首位，自己的利益次之。你看世界的角度是多元的而非仅看重利益；你努力通过践行使命为外界带来积极的改变，这是获得信任的源泉。因为一家乐于帮助他人的公司被认为是靠得住的，是会用同样方式善待客户的。这是温暖与关怀的光辉。

从另一个角度讲，想象如果你只有一分钟的时间来为一家期待达成合作的公司的CEO留下印象，你会依赖那些充斥着

"产品优势"的日常销售辞令吗？抑或你会选择提供其他更有价值的东西，那些对个体真正有意义的东西，比如为客户的孩子安排一个实习机会？如果你选择后者，尽管这并非所有人都认可，但它却是现实。为品牌创造可交换的价值是一种情感智慧，它在这个过程中带来同情心好感。

同情心好感强调帮助、身临其境、慷慨与人情味。

4.挑战者好感

这是一种对行业内的传统挑战者产生的好感。这样的公司没有随大流，它们定位了客户的潜在需求——这是一种它们为客户量身打造的需求，而且行业中的其他公司尚不能满足。挑战者们挑战着常规，而人们对挑战者的喜爱是自发的，因为它们的起点往往比较低，并且人们认可这种不顾一切为客户服务的精神。所以通过做正确的事而非随大流，成为客户信赖的引导者，你的品牌将备受爱戴。

挑战者好感强调：超额奉献、真诚、人情味与专业性。

你可能已经发现上述四种好感有着各自培养信任的独有方式。拥有即刻好感的品牌证明了它对客户的理解；拥有赢来的好感的品牌通过互惠赢得人心；拥有同情心好感的品牌展现出它对客户的关怀；而那些拥有挑战者好感的品牌获得了客户的尊重。

你在市场营销中可以利用全部四种好感度：网站可以创造"即刻"好感，品牌可以产生"赢来的"好感（出于你对使命与价值的不懈坚持），客户服务团队可以带来"同情心"好感，而销售团队则可以成为"挑战者"。你的工作就是把这些元素组合起来，让你的品牌战无不胜。

8.7 衡量好感度

基于好感度对品牌成功起的基础性作用，如何衡量它显得愈发重要。建立你自己的好感度指数和好感度框架能够提供测量的标准，并如同使用净推荐值和KPI衡量市场营销一样，成为衡量品牌建设的工具。

在我们进一步探索对衡量好感度的想法前，先让我们审视测量好感度的概念的合理性。在《好感经济学》中，罗希特·巴尔加瓦讲述了关于"投资回报率（ROI）"这个词有趣的起源故事。投资回报率这个词由杰克·J.菲利普斯（Jack J.Phillips）于20世纪70年代创立，用于描述不直接带动销售和新客户增长的无形资产对商业价值的贡献。换句话说，当下对投资回报率这个词的理解与其本意背道而驰。今天，它成为衡量几乎一切商业活动的方式。

盲目使用投资回报率导致的最直接问题是，它的衡量标准缺乏关联性。我们总有一些无法量化的无形资产或者投资行为，只因我们坚信它们是有价值的。据说，加里·维纳查克[①]（Gary Vaynerchuk）曾说过，"你母亲对你的投资回报率是多少？"很显然，不是所有东西都能用投资回报率衡量，但那不代表不去尝试找出它的价值。公司的资产负债表包含了收入与支出，但它无法衡量员工的工作态度。即使如此，领导者依然需要着眼于提高员工工作态度，因为这既关乎着企业的利润，同时也是正确的事。

根据巴尔加瓦的观点，另一个盲目使用指标的隐患是忽略了它的副作用。比如，你如果打算减重，减少卡路里摄入是一个好办法。极端情况下，你可能不会吃除零度可乐外其他任何食物。这样卡路里自然得到了控制，但是代价有多大？最安全的办法是吃一些健康的食物。另一个例子是，许多营销者对人们花在浏览网站上的时间有着狂热的热情。因为他们认为人们花在浏览公司网站上的时间可以转化为对品牌的认可，但真是

[①] 美籍白俄罗斯裔企业家，拥有创始人、作家以及演说家等身份。——译者注

这样吗？现实可能是有的人花了20分钟也没找到需要的内容，最后失望地离开；而有的人仅用了30秒就如其所愿。所以指标不一定能讲述现实。

好感度框架

尽管有各种困难，我们依旧相信找到衡量好感度的标准是非常重要的。因为它为公司在建设人性化品牌上提供了一张检查清单。衡量好感度对现有客户来说比较简单，因为可以用净推荐值这样的工具。但正如我们所见，B2B亟待开发的是潜在客户市场，而目前并没有衡量这个群体好感度的普遍方式。

这正是为什么你需要建立自己的好感度指数，以使品牌明确哪些是能够提升潜在客户好感度的营销行为。它将成为衡量品牌力与品牌价值的普遍指标和既简单又有效的传递B2B品牌能量的方式。毕竟，一家公司的好感度与它的潜力成正比。

本章总结

- 好感度将为你吸纳客户，它的作用远大于处心积虑地从产品数据上超越竞争对手。
- 好感度不意味着虚伪与做作。
- 帮助、身临其境、慷慨、超额奉献、真诚、人心与专业性构成了好感度来源。
- 你可以选择即刻好感、赢来的好感、同情心好感或者挑战者好感。
- 想办法衡量好感度，并注意把结论分析放在你的市场营销环境中。

第9章
无可辩驳的事实

我们希望使你坚信变革B2B市场营销是通往品牌未来的必由之路。但是，我们也明白这不是你一个人的战斗。长年沉浸在B2B世界中的经验告诉我们，你需要说服那些没有读过本书的决策者，并转变他们的观念。一个方式是向他们推荐本书，而另一个方式则是通过他们听得懂得语言——数据——来展现成功案例。

那些来自知名机构如B2Bi@领英和谷歌的基于实证研究的成果表明，所有的B2B公司都有变革销售的潜力，它们需要的只是往市场营销中注入更多的情感与共情元素。我们在本书的不同部分分别介绍了这类研究成果，但把它们集中到一起将有助你查阅基于事实与数据的变革B2B观点。我们建议你利用它们为下一次市场营销会议做好准备。

B2B领域的两份主要研究分别来自宾奈特与费尔德为B2Bi@领英所做的调查，以及来自谷歌的名为"从营销到情感"的报告。我们将探索这两份研究的成果和其他研究的有趣数据，并提供我们对这些研究带来的深刻影响的解读。

9.1 B2Bi@领英的"B2B增长五条法则"

此研究的价值如同"汉堡中的牛排",它既具有时效性又提供了非常高的实证性、细节以及覆盖范围。这项由市场营销权威勒斯·宾奈特和彼得·费尔德主导,B2B机构和领英牵头的研究解答了两个主要问题。

- "如果我们一致认为强大的品牌力将影响人们如何购买、合作、投资以及选择自己工作的公司,为什么当今没有更多关于这方面的实证研究?"
- "作为价值超过数百亿美元的行业,为什么B2B市场营销缺乏对品牌是如何创造价值的理解?"

为了进行此项研究,宾奈特与费尔德使用了英国的IPA数据库,它有着世界上最好的市场营销有效性信息的数据。而这些数据的来源则是由过去40年间获得IPA奖项的公司提供,其囊括了近1500个市场营销与广告策划项目。尽管数据库中的B2B项目数量相对较少,但它仍然足以提供一些有趣的对比,展现了B2B与B2C项目的异同。

我们会很快为你提供研究的细节。但你如果希望提前知道结论，我们先把它放到这里：大多数B2B营销者的所作所为与研究报告中的推荐方式背道而驰。宾奈特与费尔德指出，品牌建设是一项回报以年计的长期投资，但仅有4%的B2B营销者尝试过衡量6个月以上的成果。此外，他们强调了新客户开发的重要性，并把忠诚的老客户放到了相对次要的地位。有52%的B2B营销者认为营销触角的广度才是衡量成功与否的指标，并且还有65%的营销者错误地认为增长依赖于提高客户忠诚度，而非开发新客户。如果你是那些勇于不随传统B2B思维大流的营销者，善用这份研究报告的结论将助你在事业上取得新的成功。

具体来说，这份报告的开场是这么一个问题："为什么要打广告？"在B2C中，广告被视为提供增长的最有效工具之一，但商业逻辑通常认为理智的企业买家不会为情感化的广告所动。报告指出，企业完全可以在不打广告的情况下取得成功，因为此时销售的推动力是口耳相传与老客户的重复购买。但最终品牌会发展到一个停滞点，即面临创新减速、成本难以进一步降低，以及无法开发新的客户。此时企业对广告的需求与日俱增。宾奈特与费尔德的研究旨在道出B2B企业在这个时刻应该采取的战略。他们建议采用B2B增长的五条法则。虽然我们在"新真相"中已经提及相关法则，但下面的内容提供了更多细节和有助理解的图表。

1.投资话语权

在B2C中,把话语权份额置于市场份额之上的品牌往往迎来增长,反之,则往往萎缩。如图9-1所示。

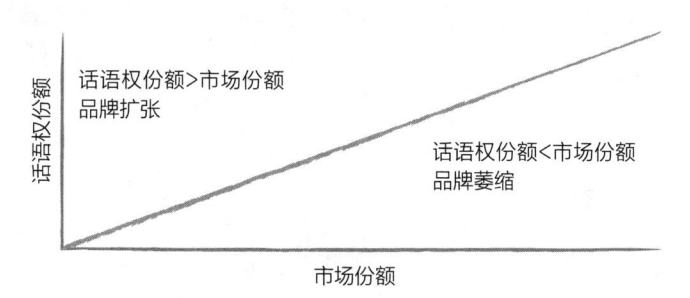

图9-1 话语权份额与市场份额对品牌影响

但B2B是否也如此?答案是肯定的,B2B品牌的市场份额与"额外的"话语权正相关。所以,在制定广告预算时,你需要考虑目标市场份额,并估计需要多少投资才能达到预期目标。这样才能实现你所追求的增长。作为补充,投资话语权的观点也被一项名为"用网络搜索份额预测市场增速"的研究所证实。

2.平衡品牌建设与客户拓荒

客户拓荒是指一切以实现直接销售为目的的行为,因此,它的投资回报率可以很高。不过由于广告缺乏记忆点,客户拓荒的潜在影响时间很短,因此它对品牌的长期增长贡献有限。

作为对比，品牌建设是一种长期思考，它从情感上影响人们对产品和公司的印象。尽管这需要更多资金与精力的投入，但它的有效性最好。并且，品牌建设还能减少价格敏感度，提升盈利能力。形象地说，可以把品牌看作未来现金流。两种市场营销模式如图9-2所示。

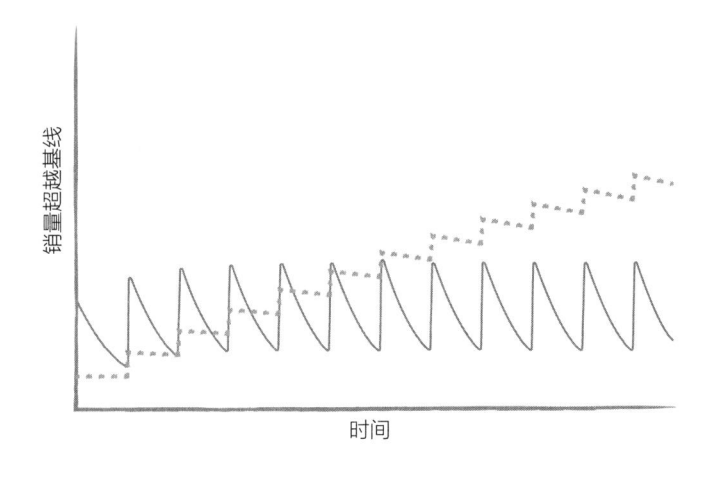

客户拓荒
使品牌好感立即转化为销量，具备高效率与高回报的特点

品牌建设
建立长期品牌好感与减少价格敏感，长期利润增长的主推手

图9-2　两种市场营销模式

要取得短期与长期的成功，你需要利用好两种营销模式。要注意的是，品牌建设需要更多的预算，因为它的成本更高。对B2C来说，这个比例是总预算的60%。而在B2B的环境中，宾奈特与费尔德建议——作为大致的参考——把46%的预算投

入品牌建设，54%的预算投入客户拓荒，这个比例将使B2B市场营销的成效最大化。我们认为多数品牌当前对品牌建设投入的比例远低于46%。品牌建设与客户拓荒对比如图9-3所示。

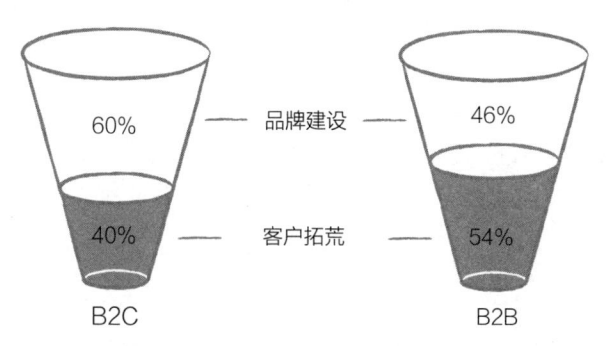

在B2B中，资源投入客户开发的比例略高，因为
B2B的市场销售难度更大

图 9-3　品牌建设与客户拓荒对比

3.拓展客户基数

市场营销普遍认为老客户的重复购买是比拓展新客户更佳的增长途径，但而宾奈特与费尔德指出一个已被埃伦伯格巴斯研究院（Ehrenberg-Bass Institute）印证的观点是：对于B2C品牌，现实情况恰恰与之相反。增长的来源是通过拓展新客户，以及保持老客户重复购买的少量增量。不过，这个结论对B2B同样适用吗？数据证明答案是肯定的。

研究者通过一项叫作"大型企业的成效统计"的衡量方式

为B2B证实了这个结论。它通过跟踪从销售到利润的六项主要指标的变化，证明了B2B的客户拓荒营销比旨在提高客户忠诚度的营销有效得多。事实上，后者在此项统计的成效为零。存量客户与新增客户的效用对比如图9-4所示。

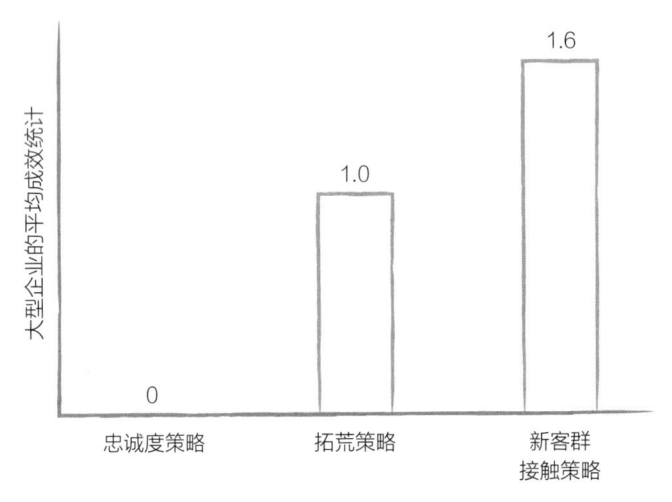

图9-4　存量客户与新增客户的效用对比

埃伦伯格巴斯研究院的报告还进一步指出，最佳的增长方式是获得来自不同客群的尽可能多的客户青睐，而非紧盯某一类客群。这意味着你要与尽可能多的群体交互，在确保老客户忠诚的前提下努力拓展新客户，因为他们将是你的大多数。因此，你也许会考虑是否应该使用触及面更广的大众营销方式，但宾奈特与费尔德认为使用这种方式需要当心。你的潜在市场可能存在于某个小品类之中，而你的营销手段需要符合此现实。另一点需要记住的是，大型企业的决策层通常有十人以上，所以只针对一两人营销是行不通的。

4.最大化脑力接纳度

脑力接纳度衡量的是营销在人们心目中留下的影响。如前文所说，人类做决策的方式不是靠逻辑，而是靠思维捷径。这样做的结果是，人们在面对数个选项时，往往会选择那个最容易联想的。这在B2C中已经显露无遗，但在每一项决策显然会经受更细致考量的B2B中是否也是这样？研究显示，尽管B2B买家更理智，品牌在人心中占据的位置仍十分有效：越知名的品牌的商业优势越高。脑力接纳度与增长的关联如图9-5所示。

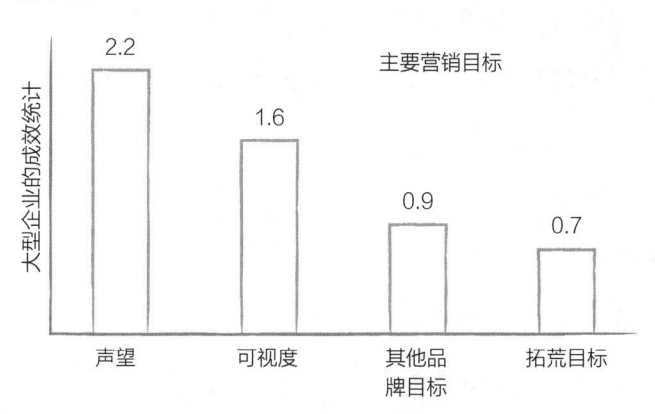

图9-5 脑力接纳度与增长的关联

5.紧握情感的力量

我们认为，这条法则道出了整个研究报告的中心。宾奈特与费尔德指出营销的目的是提高品牌的向心力，而达成这个目标的最有效方式是在产品与人们的感受之间建立纽带。他们同时指出，尽管B2B的决策过程比B2C更理性，但IPA数据库显示两者的差距微乎其微。所以重要的不是功能性信息，而是情感信息。

具体来说，可以将其分为短期客户开发与长期品牌建设。对于前者，介绍产品和价格信息的营销效果不错，但同样的方式对后者无效（反之亦然）。丹尼尔·卡尼曼的模型显示如果人们喜爱一个品牌，则人们对它的产品也会持积极态度。因此，激励品牌好感度的营销将使人们对产品产生认可，随后的客户开发营销将取得更好效果，因为人们已经提前认可了产品。短期与长期的营销相辅相成，互相促进。

宾奈特与费尔德提供了在B2B品牌营销中卓有成效的数个情感角度范例：

我们为痴迷科技的世界带来人文触动。

我们深悟商业的痛点。

我们同情商界领袖的孤寂。

第9章　无可辩驳的事实

我们懂得创业的艰辛，所以我们拥护创业家。

这类强调情感的营销对许多B2B营销者来说可能一时难以消化。不过，我们并不是说理性的营销不重要，它应该被用于短期的客户开发。正确的做法是，在产品面世前开启情感营销，而后再使用具有说服力的产品信息刺激销售。尽管46%的品牌预算与54%的客户拓荒预算揭示理性营销在B2B中的占比略重，但情感营销的效力更持久。理性与情感营销对比如图9-6所示。

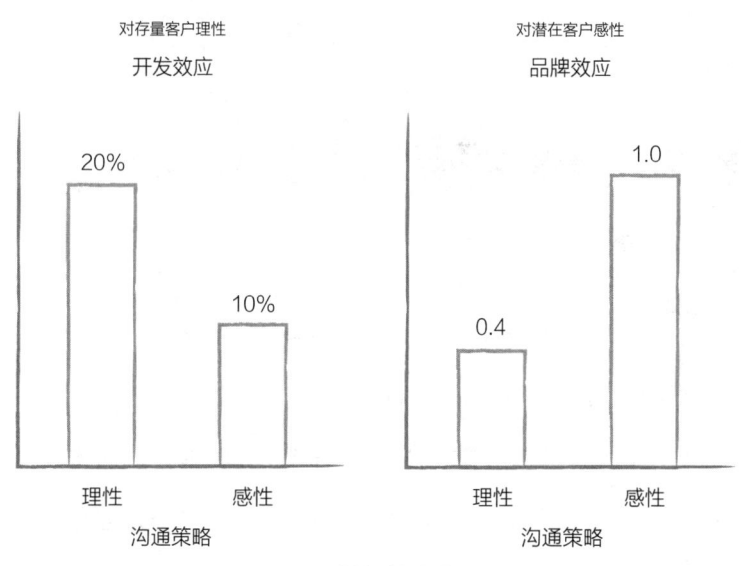

图9-6　理性与情感营销对比

有趣的是，受宾奈特与费尔德研究的启发，名为实际营销（The Marketing Practice）的英国市场营销机构同样对B2B

的有效性进行了调查。其对比了成功的营销者与平庸的营销者在态度上的区别，发现成功的营销者倾向于长期思考，并更愿意衡量六个月以上的营销策略的效力，以及乐于投入60%的预算来实现长期目标。由于B2B比B2C有更长的销售周期，我们认为这些发现是讲得通的。

我们感谢B2B机构与领英为拓展人们的B2B市场营销思维所做的出色工作。并且，如果你对有效性研究感兴趣，奥兰多·伍德（Orlando Wood）的书与思想是不错的选择。

9.2 从营销到情感

"从营销到情感：连接B2B的客户与品牌"（From Promotion to Emotion:Connecting B2B Customers to Brands）是谷歌于2013年与调查公司Motista和CEB市场营销领导委员会共同进行的一项重要研究。它的目标是调查B2B营销者关于提升商业价值是提升品牌价值的最佳途径的假设是否正确，并且尝试回答情感是否应该在市场营销中占据更多地位。Motista对来自不同行业的36家B2B品牌的3000位买家进行了问卷调查，并把结果与B2C进行对比。

第9章　无可辩驳的事实

该研究出人意料地发现，B2B品牌的情感纽带强于B2C品牌。大多数B2C品牌仅与10%到40%的客户有情感纽带，而对一部分B2B品牌来说这个比例超过50%。这是因为普通消费者的购买决策风险较低，而B2B买家的购买决策通常涉及大量资金与信誉，所以唯有他们信任的品牌可以帮助他们化解担忧。

此外，这份研究还发现，人们通常认为B2B的购买决策的出发点是商业价值最大化，企业买家对所购买的产品功能区别不会详加辨别，而这也是目前大部分B2B市场营销的着眼点。而现实与此相反，营销者们需要通过提高客户对所购产品的期待与随之而来的体验建立情感纽带。重点在于，B2B买家有超过50%的概率购买某产品或者服务——如果他们认为该产品或者服务能为其带来个人价值，譬如赢来晋升机会和提升威望。他们甚至愿意为此支付更高价格。

当你通过情感来引导市场营销时，B2B买家们将得偿所愿。所以，你应当充满信心地在这条道路上走下去。实际上，你正在推开一扇虚掩的门。

9.3 2019年B2B现状调查

市场研究机构B2B国际在创意机构Gyro的协助下对横跨不同国家、行业以及规模的2000名企业决策者进行了问卷调查。它们希望发现影响B2B决策的因素和情感在决策中的作用。这份调查名为《2019年B2B现状调查——用情感取胜：如何成为客户首选》(*The "State of B2B" Survey 2019—Winning with Emotion: How to Become Your Customers' First Choice*)，这份调查表明56%的最终购买决策取决于情感因素，并且按照购买旅程的不同阶段划分，影响它们的因素也不同。

首先，你的品牌必须具有可视度与记忆点。95%的决策者表示他们需要在与品牌建立初次联系之前就对其产生某种情感倾向，并认为此倾向与对品牌的信任同样重要。

其次，拥有市场领导地位的品牌在采购初选中备受青睐。这表明最重要的因素不是价格，而是品牌能为客户带来的价值。你可以通过提升领导地位来提高品牌价值。

最后，如果你成为那些进入终选环节的公司的一员，这意味着你满足了基础要求，你与竞争者的区别微乎其微。此时最能起作用的因素是情感，尽管你仍需要满足客户对体验、产品功能与服务的要求，但是你的营销重点应该放在建立情感纽带上。因为它影响着56%的最终购买决策。

那么这些极具影响力的情感因素是什么？研究人员认为它们是信任、信心、乐观与荣耀。信任是指对你的品牌，信心是指对你的交付能力，乐观是指你能解决的问题，而荣耀则说明与你合作的体验。如果你能够在营销中为客户激发这四种情感，你将大幅提高赢得合约的可能性。

9.4 补充研究

在我们提到的上述主要研究之外，Earnest作为一家提供来源广泛的数据与统计的B2B分析机构，为我们带来了一份极具洞见的辅助研究报告。

Earnest的出发点是B2B品牌的受信任度处于历史低点——58%的买家与决策者不相信品牌宣传，即便面对曾经合作过的公司。相应地，买家对品牌缺乏信心。该研究还发现，绝大多数买家选择通过网络对B2B公司进行初步了解，并希望在这个阶段保持匿名。94%的买家表示他们反感为了下载资料而被迫填写公司与个人信息，随之而来的是25%的人在他们的真实身份上撒了谎。此外，大多数买家不相信广告，有一半人认为他们接收的宣传是毫无价值的，尽管这些宣传内容本可以发挥对购买决策的影响。所以，怎样才能成为人们信任的品牌？你可以尝试以下五个方面。

- 通过让购买变得更简单来提供出色的体验。你将有62%的更大概率赢得客户，并且客户会愿意为你多付140%的价格。

- 乐于帮助，97%的B2B买家希望收到疑难解答和使用技巧方面的内容，这也将有利于他们说服同僚选择你的产品。

- 营销内容没有好坏之分，前提是它要合乎实际情况。46%的买家倾向于较简短的内容；59%的人更愿意观看宣传视频而非文字。

- 销售仍然不可或缺。尽管大多数买家不乐见销售人员，76%的人仍然认可销售的作用，特别是在销售人员能够提供行业洞察的情形下。

- 要考虑所有接触营销过程的决策者。虽然64%的公司高层拥有对B2B购买决策的最终决定权，但在辅助制定最终决策的人中有81%并非管理层。实际上，他们中的77%是千禧一代。

到现在为止，你大概已经对这份报告中提及的观点有所熟悉。如果B2B买家能在决策中看到个人价值，他们有50%更高的概率买你的产品。所以，情感的作用匪浅，永远记住企业买家与普通消费者相差无几。

9.5 这一切对你意味着什么？

我们能从以上事实中获取哪些对B2B实践的启示？以下是我们根据这些研究总结的主要思想。

1.情感对品牌至关重要

唯有通过介入潜在客户的感受，他们才能注意你、喜欢你、探索你以及购买你的产品。此外，情感纽带还能促使他们支付更高价格。理性的营销固然有用，但它只代表一半的故事。缺失情感元素将产生危机。

2.注重长期投入的广度，而非短期投入的深度

触及尽可能多的潜在客群比仅通过短期营销保有存量客户更能为你带来长远成功。思考品牌建设的时间单位应该是年，而不是周或者月。

3.知名度是你的朋友

B2B买家与普通人一样有思考的懒惰性。在面对默默无闻的品牌与知名品牌的选项之间，他们会选择后者。所以，你的任务是让大众熟知你的品牌。

4.故事讲述是打开宝库的钥匙

基于情感的营销不可能独立于故事而生存，因为故事讲述是情感的语言。用能够激发客户共鸣的语言围绕品牌建设，并为客户带来温暖的感受，你将为成功打下坚实的基础。

5.人情味就是利润

假如你是一位需要在两家品牌之间做出选择的B2B买家，你将毫无意外地倾向于熟知并且喜爱的品牌，你对它的宣传持积极态度。你甚至会为它支付更高价格。这不代表你缺乏专业性，而只是因为你更有人情味。要想向他人营销，B2B公司必须用人性化的方式。

总而言之，我们无法理解为什么现有的大量支持人性化营销的研究仍然无法促使人们变革B2B市场营销。如果你，或者你的CFO与CEO还在固执地追随传统营销方式，也许本书能转变你们的观念。

第10章

站起来吧！B2B

我们现在懂得如果B2B市场营销希望躲开陨石的撞击,那么它必须关注人,而不是产品。但究竟什么是人性化的B2B产品与品牌?它的特征是什么?你又如何从市场中慧眼识珠地把它找出来?以下是我们的答案。

1.它在自己的领域出类拔萃

你惊讶于它带来的便捷,沉迷于它的魅力与个性。它为你的工作激发无限潜能;它专注于使你的工作与生活更愉悦,美满和高效。

2.它既诚实又坦率

它既不靠科技迷惑你,也不靠复杂的功能与无意义的数据打动你。与之相反,它向你介绍自己——它为何物,它是怎样生产出来的以及它希望为世界带来什么变革。它不会虚张声势和伪装自己。它会告诉你为什么要选择这个品牌。

3.它让人赏心悦目

有温度与善意是它的特征,它是那种你乐于与之沟通与征询建议的品牌。它不会用力过度，而是通过好感度赢得你的信任。它总是在合适的时机出现在正确的地点，并且使用你能听得懂的语言。它乐于向你讲述那些生动又令人陶醉的故事。

4.它超额奉献

它既全身心地帮助你又引导你；它使你得到习得新事物的快感。它是使命的践行者，为你提供当下最好的解决方案。它永不止步地尝试进步，为你带来更多服务，并成为你向同僚推荐的品牌。它不会停下来，因为它明白长期价值远比短期利润重要。

5.它连接万物

它懂得你的真正需求，甚至你自己尚未意识到的东西。它明白你需要的是简约与便捷、在工作中取得进步的能力，以及成为某项宏伟事业的一部分。它是好的倾听者，能够以最快速度为你带来解决方案。它懂得自己，也懂得你。

与你的想象一致，这类B2B品牌数量稀少，但我们希望身边这样的品牌越来越多。它们是本书最好的践行者。本书中提到的很多理论并非全新事物，它们只是一个接一个地被以合乎逻辑的方式解释的事实。如果本书中提到的观点成为主流，市场营销将成为B2B世界中的增长引擎，而市场营销人员将备受追捧，因为他们的工作极具创新与价值。

遗憾的是，我们仍未看到任何改变。过去10年间，少数充满勇气的机构、品牌与营销领袖尝试着为B2B市场营销带来新的气象，但他们的努力未能改变整个B2B市场营销缺乏以人为中心的大环境。摆脱旧的模式需要精心的筹划与不懈的努力。现在不是躲在B2C同行与销售团队带来的自卑阴影下的时候。我们要敢于迎接挑战。

今天比任何时候都关键。德勤的"2021年全球市场营销趋势报告"为CMO指明正在世界范围内萌发的新营销主题——在这个充斥着数据的时代，人性化体验对品牌成功至关重要。并且它还指出能帮助企业"重新着眼于人"的七条趋势，而我们可以用其中最主要的两条概括它们：拥有指导一切商业行为的核心使命，以及围绕这个核心使命为客户提供人性化的过程体验。这份报告明确地指出企业的人性化程度越高效益越好。

我们认为现在是B2B从业者应该行动起来的时候，并且希望你的看法与我们一致。我们需要你加入变革B2B——对只着眼于功能与产品的营销说不。你的努力将为B2B的人才储备、客户关系以及领导力潜力带来曙光。当我们一起站起来为建设伟大的B2B品牌而拼搏时，我们将开启一个变革性增长的

第10章 站起来吧！B2B

新时代。

我们的目标是建立积极分子、引导者、创新者以及变革者的团体，联合所有坚信变革B2B使命的从业者，因为这是使我们这个行业变得更加可持续和为品牌带来真正价值的唯一道路。成为人性化的B2B营销者，意味着你将通过讲述品牌与故事激发B2B营销市场的无限潜力。毕竟，人性是共通的，我们都有相似的需求和渴望，而两页纸的产品数据宣传单显然无法让人满意。

你不会孤身一人，我们为你提供以下形式的资源：

- 关于开启B2B人性化变革的最新文章与研究
- 在战略、品牌、广告以及销售层面为你正在进行的变革B2B提供综合性验证
- 来自业界领袖对客户以及机构在人性化变革方面的最新观点
- 为你的决策带来最有效的营销工具、技巧、捷径以及方法论
- 来自B2B买家与决策者的客户端思考与观点

作为乐观派，我们对B2B市场营销的热爱并非一蹴而就，即便它目前的形象不佳。它依旧是一个让人兴奋的行业，有着无限的发展与变革潜力。如果你是一位野心勃勃的营销者，希

望实现愿景，让人刮目相看，B2B市场是你的最佳舞台。你的未来在你手中，所以，站起来为B2B市场营销开拓一条新的道路吧。